荆楚文庫

〔康熙十年〕潛江縣志

〔清〕王又旦 修
〔清〕朱士尊 向大觀 纂

荆楚文庫編纂出版委員會
湖北人民出版社

荊楚文庫

〔康熙十年〕潛江縣志

KANGXISHINIAN QIANJIANG XIANZHI

圖書在版編目（CIP）數據

〔康熙十年〕潛江縣志 /〔清〕王又旦修；〔清〕朱士尊 向大觀纂．
武漢：湖北人民出版社，2020.6
ISBN 978-7-09837-3

Ⅰ．康…
Ⅱ．①王… ②朱…③向…
Ⅲ．潛江－地方志－清代
Ⅳ．K296.34

中國版本圖書館 CIP 數據核字（2019）第 260277 號

責任編輯：姚德海　陳　典　鄭如琴
整體設計：范漢成　曾顯惠　思　蒙
美術編輯：董　昀
責任校對：范承勇
責任印製：王鐵兵
出版發行：湖北人民出版社（中國・武漢）
地址：武漢市雄楚大道 268 號
電話：(027)87679656　郵政編碼：430070
録排：武漢偉創偉業廣告有限公司
印刷：湖北新華印務有限公司
開本：787mm×1092mm　　1/16
印張：32.75
字数：452 千字
版次：2020 年 6 月第 1 版　2020 年 6 月第 1 次印刷
定價：168.00 元

ISBN 978-7-216-09837-3

9 787216 098373 >

《荆楚文庫·方志編》編纂組

組　　長：賀定安　陽海清（執行）

副 組 長：劉傑民（執行）　王　濤　謝春枝　范志毅（執行）

參編人員（按姓氏筆畫排名）：

王　濤　李云超　宋澤宇　范志毅　馬盛南　陳建勛　梅　琳

張文静　張雅俐　陽海清　彭余焕　彭筱濈　賀定安　楊　萍

楊愛華　雷　静　劉傑民　潘　玲　謝春枝

編　　審：周　榮

顧　　問：沈乃文　李國慶　吴　格

出版説明

湖北乃九省通衢，北學南學交會融通之地，文明昌盛，歷代文獻豐厚。守望傳統，編纂荆楚文獻，湖北淵源有自。清同治年間設立官書局，以整理鄉邦文獻爲旨趣。光緒年間張之洞督鄂後，以崇文書局推進典籍集成，湖北鄉賢身體力行之，編纂《湖北文徵》，集元明清三代湖北先哲遺作，收兩千七百餘作者文八千餘篇，洋洋六百萬言。盧氏兄弟輯録湖北先賢之作而成《湖北先正遺書》。至當代，武漢多所大學、圖書館在鄉邦典籍整理方面亦多所用力。爲傳承和弘揚優秀傳統文化，湖北省委、省政府決定編纂大型歷史文獻叢書《荆楚文庫》。

《荆楚文庫》以「搶救、保護、整理、出版」湖北文獻爲宗旨，分三編集藏。

甲、文獻編。收録歷代鄂籍人士著述，長期寓居湖北人士著述，省外人士探究湖北著述。包括傳世文獻、出土文獻和民間文獻。

乙、方志編。收録歷代省志、府縣志等。

丙、研究編。收録今人研究評述荆楚人物、史地、風物的學術著作和工具書及圖册。

文獻編、方志編録籍以一九四九年爲下限。

研究編簡體横排，文獻編繁體横排，方志編影印或點校出版。

《荆楚文庫》編纂出版委員會

二〇一五年十一月

前言

《〔康熙十年〕潛江縣志》□□卷，清王又旦修，清朱士尊、向大觀纂。清康熙十年（一六七一）修，抄本。存卷三半卷、卷四至卷七四卷，藝文志上、下二卷。

王又旦，字幼華，號黄湄，陝西郃陽人，清順治十六年（一六五九）進士，康熙間知潛江縣，履畝定賦，抑制豪强，二十三年，入都補户科給事中，有《黄湄集》。朱士尊，字偉臣，又字石户，別號花農，順治甲午（一六五四）選貢，邑人，著有《治平要録》《編柳堂集》。向大觀，字望湄，順治十五年（一六五八）進士，邑人。

潛之名肇於《禹貢》，因境内有河道分流漢水入長江，取「漢出於潛」意，宋乾德三年（九六五）建潛江縣。潛江縣志修撰始自明弘治年間，時任縣令史華，萬曆年間潘之祥續修，二志今皆失，論者謂「其詞略，其義簡，質勝之弊，難爲兩賢無譏焉」。今存此志爲殘本，無序跋可考。據後志知康熙七年（一六六八）王又旦來任，重謀纂輯，聘朱士尊、向大觀主理編纂。「王公之志，討論詳矣，辭采贍矣。第視草，未屬專家體例，遂至互異，有複有漏，是亦白璧微瑕，美錦片類也，王公方欲考閲，以成完書。」未及成書，「而青瑣命下，就徵車以去」，以致終無完帙。

是志今僅國家圖書館藏有抄本殘本，存卷三田賦半卷、卷四户口、卷五經費、卷六舖驛、卷七河防，此四卷半訂爲一册，「均邑人向大觀編稿」。藝文志上、下二卷乃朱士尊輯修。卷三田賦志記事至康熙八年（一六六九），載有王又旦釐定田畝、勘定賦税事。卷四户口、卷五經費記事時段略同，卷六舖驛志載潛江「公文驛伺差使厮驛之食養、馬匹之價料」事，卷七河防志記事至康熙十一年（一六七二），藝文志上有奏疏、記、序、議、祭文、墓志銘各數篇，藝文志下爲邑人詩文。

綜觀此抄本，有板框、版心、行格，半葉九行，黑格，版心鐫「潛江縣志」，上單黑魚尾，下鐫刻「卷」字，版心散見手書卷數卷名。存卷由多人謄抄完成，字體不一，尚爲工整。此次據國家圖書館藏本影印。（楊愛華）

目録

卷之三　田賦半卷

卷之四　戶口一卷

卷之五　經費一卷

卷之六　鋪驛一卷

卷之七　河防一卷

此冊共存四卷半　均邑人向大觀編纂

潛江縣志

絲六忽租銀九百六十七兩三分三厘一毫每一石
遞年連春鈔徵銀一錢五分有实徵稞米無徵稞米
二頃其实徵者除高田一十三畝准粮一石次田二
十畝准粮一石其逃絶無徵稞米一百六十五石八
斗四升照例除白龍湾何七老没官田下高田一千
一百一十四畝一分次田六百八十六畝白龍湾次
田三十七畝小白湖嶺高田一百三十畝枝江湖高
田六十八畝七分六厘長湖垸高田三十三畝四分
長湖垸次田三百二十二畝六分蘇庚垸次田一百
畝北池次田一百畝俱經補足該所無虧兑已上藩
之虞乡之恵藩仍有虚租是宜當事清查
田凡六徵觧設總甲福五總蘄水四總光澤十一總
恵八總潞三總謂之三墩官莊四十六總歲供辦徵
科惟不如里長輪年例潞有額茶價一十二兩二分

五厘歲在丁糧起運福府正費租九兩九錢三分五厘七系八忽歲在民粮代派湖洲襍課鐵蔴漁稞七十兩八分五毛五系四忽五徵額編水面改歸秋粮編派其他門攤商稅三十五兩三錢一分五厘在舖户辦解南納班人匠分四年一班人歲納銀一兩八錢在匠户辦解于丁粮常賦不與其他屯田頃畝粮丁以其隸在衛也不具載計民府糧租凡二十三圖七十二總甲其為官害者先為漁粮詳知縣事朱熙洽清田文

文曰職自念才識寡昧到任未久目擊時弊雖皆

有槩予懷而極拯民瘼惟在去其太甚其欺可言而不可行者不敢冒昧以瀆清聽切見本縣之弊莫甚于錢糧之不清而歲課之虧實始于田地之相混豪強乘利便連阡陌而賦無升合之輸貧民以賠賦無立錐而歲受誅求之苦耕者固無界段而至相爭攘輙以小忿而搆大獄役者因無恒產而終年逋負積以數兩而至數千每過限期則瑣尾充庭而推究其原多甲逃而乙代按校冊籍則業產開載而夷考其實皆產去而額存甚至户口

倚洪武之舊而數人共頂一戶得躲閃以遂其奸謀淤田冒漁粮之名而沃土巨連坵惟坐享不登于貲筭差民無計可免則以逃竄為良圖奸民有隙可乘則以投獻為上策竊觀全楚之弊未有如茲邑之甚者也是以承奉德音思欲清丈但積弊已久一旦更新小民之所深欲而大姓之所不便流言易動怨讟朋興事未發而釁已滋功未成而任已改所以志節之士欲自奮以圖功而遷代之餘鮮克終而奏績也伏望主持在上斷然必行

使信令不阻于奸豪而規畫一撓于羣議則職得效尺寸之勞而潛民永沐生全之賜矣

文清理漁糧文田漁糧之設各該州縣湖池多者設河泊所而僻境州縣湖池少者以其課就近附于各所本縣地界窄狹湖池閤襟西南則通江陵縣倚北湖河泊所東南則通監利縣分監河泊所正東則通沔陽州到河河泊所東北則通景陵縣葫蘆三灣河泊所歲有常課載在赤曆但課雖屬于各所而其地皆在本縣腹裏強有力者據為己

業享利無窮且自夜汉水淤之後地名三湖一帶淤成膏腴一望漫瀰莫知頃畝而糧不滿數石民心固已不平矣且秉便置產專務便宜買者非輕糧不收賣者非輕糧不售貧民迫于救急則以利糧揑作漁糧者有之豪強肆為巧詐則以漁田畢占民田者有之甚至田在腹內冐名漁田而秋漁二糧兩無輸納者有之藉以業甲包占民田而通戶糧差全然不辦者有之是以田連阡陌者無撮石之糧而貧無立錐者多賠累之苦生民日困逃

竊目多田地日荒逋賦日積皆由于此本職蒞任
以來目擊斯弊具由通運中院司道府已蒙批允將
通縣界內田地逐一丈量又經覆丈抽丈磨筭明
白攤糧外至如漁田一槩除界外湖池不屬本縣
者本職不敢預知其原在界內與糧田相間者責
令各民自丈自報據據各業總開造舊額新買人
戶姓名糧石數目及坐落地名冊籍呈縣又據續
買人戶呈遞粮石手本逐一查對與冊相仝仍復
對衆細審俱稱倚此漁粮每粮一石遞年連春鈥

徵銀一錢五分此外并無別差與秋糧田大異除
原湖水聽辦本稞外每漁糧一石加高田一十三
畝低田則二十畝完納漁稞不派民差此外餘田
係是無糧地土方派秋糧又查逃絶人户該此遞
年無徵者除各總分認數猶未足則有何七老浸
官田一千八百畝坐落本縣地名白龍灣與該所
相近土民條京告領前田出辦漁稞已經申明批
允議將無徵稞米坐于前田其田荒熟不同照十
三畝二十畝例總計一千八百畝認漁糧一百二

十石地與該所相近既便徵収而虛粮皆有實田永無虧欠又查本縣地名邋遢湖原生有沔陽州景陵縣葫蘆三灣所漁稞及縣民曾本洪等買該州到河所漁田皆坐本縣腹内原係報有籍畝今該照数除田與各民完稞又查縣民謝勤張伏善等買有沔陽州到河所監利縣分塩所湖池亦坐本縣界内該油蘇銀二十兩八錢八分每两扣田五十五畝與完前稞又查縣民関善慶等原辦葫蘆所水面銀三兩九錢三分每两扣田五十畝出

辦稞銀各項多餘田地方攤民糧在該所田有坐落糧有實在按籍了然無隱没之患在本縣收拾剩田均攤糧稅取諸羨土無額外之求此誠兩利俱益之道亦足國裕民之圖也

為民害者後為官莊見鄉人監察御史王宗載為興都事宜疏

疏曰弘治七年分封獻皇帝于安陸州因以郢梁二王所遺莊田屬為此固親親之義所宜然也而其時田有定額賦有定數民未始有稱不便者迨至先帝龍飛乃以其田改為官莊特命守備專理

其事遂得憑藉聲勢淩轢軍民或因經界相連而肆其婪併莫敢誰何或因彼此相爭而誘其投獻陰為報復小民既入國儲復徵庄稞一田兩稅已不堪命而奸書積校多方掊尅尤甚于公家之徵又至有假冒軍民即誣以侵占庄田徑行拘禁務罄竭家貲滿其所欲而後儻以身免撫按諸司稍有分理一被誣奏莫能自明如鍾祥縣民周章投獻豐樂河田地有包御史據法參治而致謫戍荆門州民熊尚仁被占沙洋村湖民田有劉知府受

訶問斷亦竟被中傷此皆往事之可據者而今則爲患益熾矣臣竊以爲王者以四海爲家尺地莫非其有另設庄田下同藩國非所以弘聖制而大一統也今合無查將前項田地係軍者復歸于衛係民者復歸于府縣一應錢粮或觧内帑收貯或留守備府支用俱令軍衛有田照数催徵徑自起觧不許仍差書辦校尉科索如常惟正之供既不缺于上無名之徵亦可省于下矣

又䟽曰興都地瘠民貧諸凡土產皆四方所有自

嘉靖四十一年守備張方希忌賚予越分途迎允菜餚魚米粗重之物皆派州縣責令里長甲戶買辦以充上貢雖非其地之所出時之所有而一槩取派州縣無敢違者令小民百倍其值而不恤也且其充上貢者獨有常品充私饋者漫無紀極本地之出辦既竭其膏脂沿途之轉輸又急于星火所過驛遞無不騷然蓋不止于一方受病而已夫

國朝歲貢之制載在令典俱有定式玆既不係舊例又未奉明旨是亦不可以己手合無查將前項

進貢方物俱行停止不許守備仍假此名妄差官校需索州縣騷擾驛遞遠者聽所在官司一體參治如此則阿奉無由而希冀之途塞取用有節而催科之患除矣隆慶元年四月十一日具題奉旨張方着回京司禮監另差一員前去守備其餘事情行彼處撫巡查處奏請該部知道

其爲粮害者則高貲富人豪桀勢力之家交官通融所寄坊廂尾册免徭之粮爲甚明末勢將莫支一廛繁費悉索敝賦以從其流禍有不可言者浸淫至後里長夫馬之害殆且徙者過半矣詳見下

清興清丈天下地畝錢糧歸畫一收天下王田封君
湯沐邑一體定賦更名地
順治九年放萬曆四十六七八三年例加增九釐地
畝遼餉正攅銀三千二百一十兩七錢一分
順治十年知縣事柯賡昌均里甲平圖賦以四十三
石為一里徵輸用官民細戶單民賴之往例官用比冊其點民糧
税未完者賄蠹註完寬比官無查挨吏得為私賡昌
用細戶簡明单前開載某鄉某里甲戶某人若干丁
若干税米次開載本戶有無免丁免米并加餉額數
又次開載某年分丁條餉共該派銀若干一年均作
四季一季該完銀若干一季均作四限一限該完銀
若干後開載春季一限二限三限四限完數夏秋冬

例如之其末註云以上定宜照限完納以免差提如
一年全完即行旌奬某年月日印押給細戶照限完
数塡註官民单冊官執冊比民執单炤則點戶蠹後
無賄塡賣限之弊而完戶實数無小票墨帖之煩官
民便之但其實有編審無清丈而坊厢尾冊
仍舊也不五六年後乃更而為甲粮之法矣
順治十六年更行甲糧法增稅使三千餘人民大困
康熙八年己酉知縣事王　量地畝清尾糧編戶
籍卒里賦以四十石為一里其徵收分六鄉六鄉惟長樂太平道隆仍舊餘三鄉新更
長樂鄉四里里十甲帶轄尾二甲四里共四十甲尾八甲里甲共
乚十六萬乚百四十五畝九分四厘乚毫粮共乚千
六百乚石四斗五升九合四勺乚抄尾田共二萬八
千二百八十七畝九分三厘三毫粮共二
百八十二石八斗七升九合三勺三抄　長安鄉四

里

里十甲帶轄尾一甲四里共四十甲尾八甲里田
共乙十五万九千八百七十一畝九分四厘五毫
共乙千五百九十八石七千乙升九合四勺五抄
尾由共弍万七千七百三畝八厘四毫粮共弍百七
十七石三斗
八勺四抄

太平鄉四里

里十甲帶轄尾二甲四里
共四十甲尾八甲里四共
乙十六万八十二畝乙分乙厘二毫粮共乙千六百
石八斗二升乙合乙勺二抄尾田共弍万七千八百
七十二畝八分八厘六毫粮共二百
七十八石六斗二升八合八勺六抄

大和鄉四里

里
十
甲帶轄尾二甲四里共四十甲尾八甲里田共乙十
六万二百八畝四分八毫粮共乙千六百三石八升
四合八抄尾田共弍万九千二百二畝
八厘粮共弍百九十二石三升八勺

道隆鄉四里

里十甲帶轄尾二甲四里共四十甲尾八甲里田共
二十七万八千九百三畝八分五毫粮共二千七百
八十九石三升八合五抄尾田共四万九千乙百二
十九畝六分五厘五毫粮共四百九十乙石二斗九

升六合五夕九抄
五畢公鄉三里里十甲帶轄尾二甲三里共三十甲尾六甲里田共乚十乚万九千六百九十畝乚分二厘粮共乚千乚百九十六石九斗乚合二夕尾田共二万四千三百七畝五分二毫粮共二百三石七升五合弍抄四十凡二十三里其更名地凡六更福名福地二万五百六十畝乚分四厘六毫六絲租餉銀九百二十五兩二錢七厘二絲七忽更惠名惠地弍万六千八百六十二畝三厘六毫六絲六忽租餉銀乚千弍百八兩七錢九分乚厘四毫三絲更光澤名光澤地上則九千五百五十八畝九分租餉銀四百三十兩一錢五分五毫下則八百七十六畝三毫租餉銀乚十八兩三錢九分六厘三絲更蘄水名蘄水地六千三百六十五畝租餉銀二百八十六兩四錢二分五厘更潞名潞地上則一万三千七十六畝三分六厘六毫六絲租餉銀三百六十六兩乚錢五分八厘二毫六絲四忽八微中則二千四百五

十五畝乚分四厘五毫四絲租餉銀六十乚兩三錢七分八厘六毫三絲五忽下則弍千八百六十七畝八分六厘二毫九絲租餉銀六十五兩九錢六分八毫四絲六忽九微水鄉三千乚百乚十八畝五分乚厘租餉銀四十二兩四錢四分三厘二毫乚絲七忽四微吏官莊名官莊地乚十六萬六千六百九十六畝五分二厘九毫租餉銀四千七十八兩三錢八分三厘四絲二忽四微其汥頭官莊地九十二頭福地二十七頭惠地四十頭光潭地一十四頭蘄水地九頭潞地一十六頭其水鄉尾地雖設頭無穕徭如糧例

兵編審之初苦本地人民轉徙田疇淆亂賦役不均有人去田存者有田已沉塌糧無着落者有貧

弱之田爲豪右欺占者有貧弱齎田遺租存戶而未推出者有田已轉售勒已之租與人而自存無賦之田者有以本戶不毛之土推入他人逃戶者有以他人已逃之腴產踞爲己業者有以本戶之田妄指僕丁詭名以爲逃田置　國賦于不問者有父子兄弟之租互推不認者有以本戶腴產詭寄尾糧以避差徭者譬之臨風理絲殆難縷指殺然申請從事編撥邑人向大觀設或問作圖譚應答其一畧曰官之有役也自糧始也糧之有石斗

也自田之有畝尺始也止清糧而糧有詭寄雖無翼能飛惟丈田則田有世守非他帽可頂其他詭糧之弊自可不嚴而清蓋糧之所以有詭寄者起于弱不辦事之人畏出頭承肩而豪猾有勢力者思巧匿富名不憚于任役而憚以多糧之名任役百畨飛詭亦從自然之情而生今清丈得實按畝授石按石授里如四十石爲一里等而分之則四石爲里之一分四斗爲里之一厘此里除一厘則彼里升一厘照定石派費不照定里派費石多者

里多石少者里少我無增損彼有伸縮縱彼去去來來止霰散于二十三里之中終不能形形影影竟顛脫于萬有零石之外照分平當一有公事多寡均攤各戶易于通曉浸漁之端絕則奉公自易知法之人多則玩法自少通人情而利冀之參差之中愈見整齊蒭蕘之言以待知者擇焉

潛江縣志卷之四

邑人向大觀編纂

户口志

潛瀆河土浮衍耕者無常業其人性輕而易徙男子丁恒不足額有司患之定額户口人丁五千五百四十七丁分别優免起科則例不等通共額徵銀一千三百九十九兩六錢一分六釐二毫四絲二忽三微三塵四纖四緲兵革流離稱耗困矣其版籍不致羨縮者口食有額限故也舊例丁田分兩税無田之家

每苦空丁近議租庸合一當事者慮以不贏不減之
版數處必生必耗之活丁恐礙通例不知潛土浮徙
通例不可執論也惟通定法于活法斯兩利不弊之
道焉

邑人向大觀圃譚閒荅曰邑政多糠粃歷年所矣
茲乃歎揚之一會乎百年之老軍忍減灶于紙上
其去也如病得甦如壓淂醒而有田之實户淂增
指于畝中其來也如珠還領如羊反牢然糧丁硬
合爲一不以參伍法碁布之終亦有礙往時審糧

與編丁分為二役古之人古之人非草草判事者
公甸公賦大抵從前總歸任人　國家錢糧統歸
户部户有民版之名意可昉也今日照田受丁固
是為丁計之活法而選丁任糧又是為糧計之活
法不可偏廢
周禮升于司徒不征于鄉又五十不為甸徒所謂
優老敬士特其名耳其實是陰汰文弱暗減老罷
之法今歸併田畝並合父兄子弟田而併之文必
紳士的名不許另立户頭則彼將來借名求免以

開紛擾況又多石共一户石田多丁寡不生不耗勿論版冊無人充實抑且大造徒為懸舉似不如聽彼分撒一户之下頭有總糧丁有撒石照石計而丁絶千有羨之丁分之一萬有零每糧兩石各户下應立一丁不可無守石之額下丁如五單之石買丁之家糧增而丁生釁產之人糧盡而丁絶每年徵收或總比户頭或撒比户丁是析户者民間之所稱便而民自為催户自為急民所自由之而不自知者矣

潛江縣志卷之五

經費志

邑人向大觀編

國家賦役載于田地丁者歲有常額使民由而易知謂之易知由單今之由單明之廒經也然廒經止給里頭（明時徵收防里長浸漁不盡報縣官又防縣官不盡報上司設立廒經簿知府縣各印一廒經給付里長里長一有收納即兩註知府縣廒經隨收隨註廒經收完之日廒經一繳府一繳縣銀雖在縣數常在府收銀者不能昧數攬數者不能肌銀）由單則遍給于户凡以杜苛索嚴乾沒法屢更益密又編造全書使在官税入有

常解文供給有常本縣應徵田地丁并新加顏料地畝除故丁增新丁歲率科銀一萬四千八百二十四两三錢有奇米四千二百八十九石八斗一應起存俱放先明欵式以時更易故藩廢校祿樵常女及原
他郡屯軍餉及百官侍從浮繁奉養故歸解列今總各部寺及藩驛糧守郡縣各衙門欵目著其凡于篇惟舖驛不載另為志

户部

解南農桑絹正損合一两五錢又六釐又二絲原額二疋一尺

四寸七分每四正銀五錢五分損銀一錢五分京損每两五分京庫米正損滴珠合一十四两七錢九分九釐一毫二絲七忽二微原額五十六石九斗一升九合七勺二抄每石二錢五分每两京損三分滴珠一分派剩太倉米正損合一百九十五两八錢八分二釐七毫二絲原額三百二十二石六斗每石六錢每两京損一分二釐兑軍米正損合七百又八两四錢原額一千石每石加耗米四斗連耗折銀七錢每两京損一分二釐解每两九釐盛京富户正損合六两一錢二分原額三名名每两京損二八解無派解南户口鈔正損合三十七两一錢四分一釐八毫又六忽四微四塵五纖七渺帯潤一两二錢三分八釐又六絲又二

徵一塵四織九緲解除閏每兩九塵本府戶口鈔扣解昌平州正損合一十兩又一錢九分八釐解無派

宗祿米三百三十二兩六錢四分二釐二毫九絲舊志編有解襄陽將軍等米解費每兩六釐六毫七忽六微

茶價樵項二百八十八兩七錢五分二釐八毫一絲九忽一微二塵旧志編有潞府茶價等項解費每兩七毫五絲

祭署祀薪夫一十二兩四錢舊志編有頭陵祠祭署祀丞柴薪夫一名帶閏

民校皂隸工食一百又八兩二錢舊志編有楚府江夏王民校二名無閏遼府民校四名無閏守備太監府皂隸一名帶閏按察司照磨抽夫快手二名帶閏戶部抽夫快手一名帶閏

賦役舊編冗款二千四百四十八兩九錢三分五釐

又七繇

順治九年奉會議裁銀三百兩二錢内府皂隷一十九兩二錢斗級七兩二錢禁卒一十四兩四錢同知書辦二十八兩八錢縣修宅家伙二十兩吏書五十七兩六錢門子二兩四錢皂隷一十九兩二錢馬快九兩六錢民壯六十兩燈夫四兩八錢禁卒九兩六錢轎傘扇夫八兩四錢庫書六兩倉書六兩庫子四兩八錢斗級四兩八錢主簿書手

一两二錢門子一两二錢皂隸四两八錢馬夫一
两二錢典史書辦一两二錢門子一两二錢皂隸
四两八錢馬夫一两二錢
順治十二四年奉文裁銀二百七十三两五錢九
分四釐五毫八絲六忽内守道聽事吏二两四錢
舖兵二两四錢同知薪一十两五錢五分六釐經
歷司薪八两二錢二釐教授膳夫六两六錢六分
六釐七毫縣俸薪一十八两四錢九分迎送上司
傘扇一十两油燭一十两教諭膳夫二十六两六

錢六分六釐六毫六絲六忽龍灣市巡檢弓兵一
十七兩七錢九分一釐六毫五絲各河渡修舡五
兩七分五釐鄉飲六兩廩生九十六兩門神等項
四兩科歲考生童試卷二十八兩府應　朝三兩
三錢四分六釐六毫七絲縣應　朝一十八兩
順治十六年奉裁銀二百六兩四錢內縣民壯一
百二十兩馬快草料八十六兩四錢
康熙元二年奉裁銀一百八十七兩二錢內同知
書辦三十六兩縣吏書七十二兩庫書六兩倉書

六兩主簿書六兩典史書六兩學書七兩二錢廩
生四十八兩
康熙四年奉裁銀九十三兩九錢三分內儒學俸
三十一兩五錢二分齋夫三十六兩門子一十四
兩四錢喂馬草料一十二兩
康熙六年奉裁銀二十四兩內守道聽事吏一十
二兩鋪兵一十二兩
蘆蓆　貓竹　囮頭　籮　扒　篩　晒等項四十
五兩二錢九分八毫八絲（每兩正粮一石派二分一釐六毫）部解

南糧運官二十五兩除免糧運官見隨漕下

九釐遼餉攤正合三千二百一十兩又七錢一分

襍課附

門攤商稅攤正合三十五兩三錢一分五釐

禮部

北京藥味攤正合五兩五錢五分七釐五毫解費每兩九釐

工部

緞匹舊載紵絲十匹攤正合三十八兩七錢四分五釐

六毫帶閏九錢一分五釐五毫一絲六忽　綳毛萬

根正摃合四兩八錢四分三釐二毫　天鵞十三隻正摃
合六兩五錢五分八釐五毫　活雁二十隻正摃合一
兩六錢六分九釐四毫三絲六忽三微六塵九纖一
緲　營繕司料正摃合一百九十四兩七錢五分八釐
一毫八絲九忽　胖襖鞋褲正腳合一百一十二兩五
錢原額七十五副每副正銀一兩二錢水腳三錢軍器四十一兩三錢四分
一釐七毫二絲五忽九微
扣解辰州軍餉正摃合一百八十一兩六錢二分
派剩辰州軍餉正摃合一十八兩五錢二分五釐二毫

解費每兩皆九釐

綾紗紙價八十八兩四錢五分二釐三毫六絲七忽四微四塵俟部文到之年方派不必每年帶徵

雜課附

蘇鐵漁課七十兩又八分又五毫五絲四忽五微遇閏加銀一兩五錢九分三釐八毫六絲六忽五微

兵部解南江濟夫改撥驛傳詳驛站下

光禄寺

甲丁庫供應正攢合七十三兩八錢九分一釐四毫一

絲七忽　菓品正摃合一十九兩九錢八分八釐八毫
八絲三忽　牲口正摃合八兩一錢一分九釐七毫每兩
解費皆九釐　新加顏料九十兩又六錢九分九釐三毫
藩司
曆日四兩一錢一分四釐四毫　科舉二十六兩四
錢五分七釐解費每兩九釐
府租潞　福　惠　光　蘄　官莊五千一百七十
一兩五錢八分二釐五毫四絲六忽　租九釐餉二
千二百四十一兩六錢一分一釐八毫七絲九忽除撥

去江陵縣不載數内

班匠附

江南納班人匠八十二名除逃絶外實四十二人四年一班該班每名納銀一兩八錢遇閏加銀六錢歲徵銀二十五兩二錢匠户自辦

糧儲

漕糧正耗合一千五百六十八石里納盤脚一百石又八斗節鮮漢陽水次交兑釋鮮通州

南糧正耗合二千六百二十一石

里納盤驢脚三百一十四石五斗二升奉文每石折銀一兩該三

百一十四兩五錢三分以二錢給解後該六十二兩九錢四厘餘八錢充餉該二百五十一兩六錢一分六厘節年候文撥解營兵

楞木松板四兩四錢八分　隨漕運糧官軍行月糧二百二十七兩二錢四分　三六耗蓆輕齎正損合二百又九兩二錢七分二釐　淺船三十五兩四錢又八釐解費無兩九釐充糧運官盤纏八兩除南糧運官見戶部下安顯衛歸併舍餘閑丁三十九人每名折銀二錢銀七兩八錢

守道自此下皆存畱經制

聽事吏二人　鋪兵如之見裁扣

府

皁隸十有六人　倉斗級六人　監禁卒十有二

人人七兩二除裁扣外錢各六兩

同知薪除裁扣外三十七兩四錢四分四釐

經歷司薪除裁扣外一十五兩七錢九分八釐

教授喂馬草料除裁扣外一十二兩　膳夫除裁扣外三兩三

錢三分三釐二毫廩生支領

縣

俸薪除裁扣冊四十五兩　心紅紙張二十兩

門皂三人　馬快八人　皂隸倍之　民壯五十人　燈夫四人　監禁卒倍之　轎傘扇夫七人

庫子四人　倉斗級如之　人七兩二錢除裁扣外各六兩

監倉修理二十兩

主簿俸薪三十三兩一錢一分四釐

門皂一人　皂隸四人　馬夫一人　人七兩二錢除裁扣外各六兩

典史俸三十一兩五錢二分

門豎一人　皂隸四人　馬夫一人人七兩二錢除裁扣外
各六兩
教諭俸三十一兩五錢二分　喂馬草料除裁扣外一十
二兩
齋夫六人除裁扣外三十六兩　門豎五人除裁扣外各四
兩三錢二分
慶賀
龍亭儀仗修理二兩　本府應
朝盤纏除裁扣外一兩
六錢七分三釐三毫三絲　本縣應
朝盤纏除裁扣外

九兩

祭祀

文廟春秋祭四十兩　啟聖祠春秋祭七兩　香燭米一兩二錢六分　山川壇春秋祭一十二兩　社稷壇春秋祭一十兩　厲壇歲三祭一十二兩　名宦鄉賢春秋祭七兩

門神　桃符　春牛　芒神　花鞭　酒席　閙印封印牲　醴　香　燭各等項見裁扣

賓興

鄉飲歲二舉除裁扣外六兩

歲貢生員二年一貢正陪二名赴考脚力銀各一兩其正貢花紅旗扁酒席銀一十二兩歲貯銀七兩康熙三年全裁九年奉復具呈討作興臨期于備用內支給共銀一十二兩歲貢盤纏一十五兩康熙三年全裁九年奉復

科舉生員三年一次率二十六人每名盤纏二兩花紅銀九錢酒席銀一錢共七十八兩歲貯銀二十六兩

府學顯承二衛寄學科歲生員三年一次盤纏一十兩歲貯銀三兩三錢三分四釐康熙三年全裁九年奉復

科場對讀生三年一次四人人一兩共四兩歲貯銀一兩三

錢三分三釐康熙三年全裁九年奉復

廩生二十人見裁扣下

新舊會試舉人三年一次率九人每名長夫銀二十四兩該銀二百一十六兩歲貯銀七十二兩

提學道科歲考試合用生童卷供應給賞卷箱等項除裁扣外三十二兩

備用一百兩

賑恤

孤貧四人每名歲支米三石六斗每石折銀五錢該七兩二錢又每名歲支布

花銀三錢該一兩二錢
自戶部下禮兵工光藩糧守府縣衙門凡有十兵部
錢糧撥驛守道後食奉裁仍紀衙門者存原額也襍
課附紀部項者存解額也同知經歷教授統于府主
簿典史教諭統于縣者尊制也官支不以並後食者
辨等也正分也部運先額解次裁解者錢糧原目不
款溷也隨漕折色編載南本色兊本色下者分合解
支存糧道也廢藩租餉編載藩司者侯部文解支存
藩司全書戶部下無租餉也故附之藩司也後食歸

裁扣凡名仍編載者存経制也祭祀慶賀賓興賑恤分項臚載者國之大事各有項也總其凡户部凡八千五百七十二兩四錢九分一釐三毫五絲二忽九微八塵又六緲禮部五兩六錢又七釐五毫工部凡七百六十五兩九錢九分六釐六毫一絲九忽二微又九纖一緲光禄寺凡一百九十三兩六錢一分七釐三毫藩司凡五十六兩又四分六釐五毫五絲三忽又祖餉七千四百一十三兩一錢九分四釐四毫二絲五忽糧儲未凡四千二百八十九石八斗銀凡

八百又七兩又三分八釐六毫七絲二忽府凣二百七十二兩五錢七分五釐三毫縣凣一千一百八十三兩七錢五分四釐三毫三絲除驛站鋪司走遞夫馬若干兩另爲數見舖驛志

潛江縣志卷之六

邑人向大觀編纂

鋪驛志

鋪遞公文驛伺差使廝役之食餋馬匹之價料歲有常額惟往來不時事速星火夫馬輿儓之賤操緩急之權制人生死之命民間至有一石糧據費可以支數十年之正賦而有餘倉猝用之郵傳而不足其多寡贏縮之數司命者提而較焉又能與時權宜吾儕小人庶其不嗷嗷焉同喘馬斃道上矣乎因總邑

圖四至之道里額夫之人數額馬之匹數常夫工料之多寡與里父老訪永住時官丞姓名之可道者附于荊邑西至江陵縣一百八十里東至景陵縣九十里北至本府鍾祥縣二百二十里南至沔陽州一百四十里設十有七鋪其一曰縣前鋪其二曰陶朱鋪其三曰錐頭鋪其四曰楊湖鋪其五曰七丈鋪其六曰上鋪其七曰白伏鋪其八曰曰三條鋪其九曰東老鋪其十曰瑜潭鋪其十一曰白湖鋪其十二曰祝家鋪其十三曰班家鋪其十四曰總口鋪其十五曰柳樹鋪其十六曰永興鋪其十七曰北池鋪鋪司兵五十九人內徭編四十二人人四兩帶閏銀六分六厘六毫永充一十七人人一兩八分帶閏銀一分八厘

迎送皇隸實供役五人人三兩六錢帶閏銀六分本役額載十名除裁五名扣抵新制五人舉實數也

排夫實九十四人人七兩二錢帶閏銀一錢二分本役額載一百四十四人順治十二年奉撥辦濟衡裁四十四人扣筭三百二十兩八分協豐樂驛馬價康熙元年奉驛鹽道頒發更定款項改協辰沅驛夫馬又扣抵本縣經制轎傘扇夫六名九十四人舉實數也

馬四十匹價料一千五十八兩八錢內本縣原馬二十七匹每匹二十四兩帶閏銀四錢共銀六百五十八兩八錢順治十四年因潛路衝繁奉驛鹽道批詳加馬一十三匹減石城驛馬六匹豐樂驛馬二匹卽東驛馬二匹共該馬價正閏三百五兩又批詳減石城驛支應銀九十五兩二項俱永留本縣接濟

河渡舡二年一修渡夫五人實銀五兩七分五釐渡舡修理每年一兩渡夫各一兩八錢帶閏銀三分二項

共銀一十两一錢五分順治十四年
奉文半裁實存銀五两七分五厘

協濟

原編兵部下觧南江濟水夫九十名今撥協辰流驛
站正價合三百七十一两八錢六分六厘九毫五絲
原編石城驛除裁馬八匹價正閏二百四十四两又零銀
一十二两五錢九分五厘四毫帶閏銀二錢一分原馬
一十四匹每匹銀三十两帶閏銀五錢除減六匹
該減馬價一百八十两永留本縣接濟實只八匹
原編豐樂驛除裁馬四匹價正閏一百二十二两尺零銀
二两帶閏銀三分三厘原馬六匹除減二匹該減馬
價六十一两永留本縣接濟

實只四匹

原編郢東驛除裁馬四匹價閏止一百二十二兩又零銀一十二兩帶閏銀二錢原馬六匹除裁二匹該減馬價六十一兩永由本縣接濟

實只四匹

原編沔陽州協豐樂驛支應銀五十三兩

原編郢東驛支應銀七十二兩

原編郢東驛水夫一名工食銀六兩帶閏一錢

原編石城驛站舡水夫四名每名六兩帶閏一錢共二十四兩四錢

原編沔陽州協鍾祥縣馬一匹正銀三十兩帶閏銀五錢人零銀七兩二分五毫帶閏銀一錢一分七厘共銀三十七兩六錢三分七厘五毫

奉撥排夫四十四人協豐樂驛馬價三百二十二兩八分已上九項一奉撥六百九兩五錢五分八厘九毫七絲五忽協沅州沅水驛工料一奉撥四百五十八兩五錢五分九厘二絲五忽協荊門州荊達等驛工料

原編協龍灣市巡司應役弓兵七人除裁實十七兩七錢九分一厘六毫五絲

余讀經制至鋪驛私甚惑焉明寢園替矣石城豐樂郢東三驛其馬價不奉文開減爭復裁本縣排夫四

十四人扣銀三百二十二兩八分增協豐樂驛馬何
為也賦役舊未編石城夫應蒙留本縣馬價載減石
城夫應銀九十五兩其然乎其不然乎原石城驛馬
價四百三十九兩八錢五釐五毫豊樂驛馬價一百
八十五兩三分三釐郢東驛馬價一百九十五兩二
錢鍾祥縣馬價三十七兩六錢三分七釐五毫豊樂
夫應五十三兩郢東夫應七十二兩水夫六兩一錢
石城驛站船水夫二十四兩四錢蒙通減三驛馬十
匹通減馬價正閏三百五兩求留本縣接濟復撥銀

六百九兩五錢五分八厘九毫七絲五忽協沅州沅水驛工料撥銀四百五十八兩五錢五分九厘六絲五忽協荆門州荆建等驛工料數多不敷邑何以支乎卬曰奉撥有排夫四十四人工食三百二十二兩八分在也稽之協數不尚少銀三十七兩八錢六分二厘乎方今滇黔往來總制駐荆潛為孔道使者相屬于途民僕僕水陸遞矣西至荆州城一百八十里東至景陵城九十里馬必路遥其不困斃道上者幾乎曩令天不棄敝邑俾乃之遺昕邀惠

仁明減畝協濟總核鋪驛人馬支應常数其原額在縣者夫食凡一千一十兩一錢六分馬價凡一千五十八兩八錢各協濟凡七百二十五兩九錢六分七厘六毫五絲鋪司一百八十九兩四錢六分三厘一絲河渡五兩七分五厘迎送皂隸一十八兩三錢銀通計三千有餘馬通計五十有七人除渡夫通計二百二十有五請復驛丞專官董之人更番差使馬更番騎遞皇華之使當無有不足滯周道者縱一歲之中馬不無瘠仆大率十去其四歲可存馬三十有餘

以今年之舊育入明年之新蓄其不足百者幾雙蹄耳卒夫輿儓之賤何至憑藉凌人鞭笞里甲苛索恤馬乎或曰特設驛丞創也則請道當日驛館之在竟内者爲泗港驛洪武初知縣事史純一創成化七年知縣事汪志增建正廳耳房鼓樓十三年水圯弘治二年知縣事張昺令驛丞郎進重立增置站舡四隻夫四十名策口驛正德十四年從建後廢白洑驛郎府館改建在縣治之東其驛丞姓名之可紀者方熊莆田人胡洪宜賓人郎進彰德人楊永鑑西充人王佐南昌人李星中樂昌人張闗鄭好學胙城人董浩代州人趙愷咸陽人孟瓚寧陽人楊睿江安人吳賓商河人陳榮江寧人薛承

恩宜山人　曹福壽易州人　鄒子賢江寧人　傅寧麻城人　許御金壇

人明萬曆間以協濟在三驛乃議革今潜民溝中瘠

矣后來蘇我功德何有加茲

潛江縣志卷之七

邑人向大觀編纂

河防志上

禹敷土濬川荆州之域江漢朝宗于海沱潛既道爾稚自江出為沱自漢出為潛（沱江在荆門江水由沱會漢漢水由潛會江）潛輪襄延亘規郛七百里内有重湖易潴嵗衍溢苦墊他疆域徙徙脉為利害其東北陬為景陵西北陬為荆門東南陬為沔陽江陵帶其西監利襟其南其漢水自嶓冢達襄郢經内方至縣北三十里播為三

汊河入于江三汊河一名三江口

其一汊東逕張巖港潛魚山阜景青山在望修葱蒨于蘋藻夸嵯峩于堷岸小港内環山浸其脚接車墩交景陵竟過漢川至大別入江此漾水入江之正流也禹貢嶓冢道漾東流為漢又東為滄浪之水過三澨至于大別南入于江三澨在景陵竟

其一汊西南逕夜汊河還雙偈直逕其南流過直路至新口為江陵竟下交監利竟。自雙偈下西折一支為茭芭河歷周家磯直逕其西流至要口分南北汊汊南至桿角交江陵竟汊北交荆門竟沱江有無在其左右流里父老莫有能詳者自要口北折一支逕王東港至鄉魚口郎

荆門界先自拜角上三里東折一支為柴家河稍下為楊家河又先自周家磯直逕其南流為浩口楊家河滙浩口直逕其下流為江陵竟監利竟又先自周家磯上一里東折一支為龔家渠下渠折一支東南流逕流深口熊家口二十里為監利竟又折一支西南流過紅碧剅交江陵竟監利竟此漢水入荆江之支流也

其一汊自蘆洑八楊林直逕其南流為排沙渡又直逕其南流為縣河城郭廬舍濱磯岸歲苦河水震撼過縣為班家灣又直逕其南流為總口又直逕其南

流為許家口下出楊林口為監利竟自此下至新潭出口入武昌先自許家口東西折一支十五里隔斗為監利竟稍下至栢口為沔陽竟此亦下滙新潭口入武昌江又先自總口西折一支為馬丹河十里出直路河与狹斜不能容衣帶尋關又先自縣河東折一支為洛江河水屈曲夾右縣城盤繞無使迅湍駛其排沙渡先為西河逕巴家套過龍淵入馬市潭南會于潭子口一入荊州一入沔陽尋關里父老道其大畧上下出沒莫得而詳也或曰漁南港是具故道云此漢水由潛東南入江之別流也

濟防塗泥禹以来尚矣秦置郡縣晉地隸在南郡米特設官又陵原鹵隰形勢與水遷改地名號數更易莫紀薦紳先生難言之五代荆南節度使高季昌沿緑麻亘沱淖㐫沔陽鋭蜒紆徐築岸增高二百里名高氏隄一曰僞人隄阯具存

元至正七年邑以前承務郎鄭文遲跳築兼行民免決使耆民安惟懷追記之

天順二年高家塠決東衝河郎河今西河塞

成化六年句洑決一千餘丈

七年水決縣治縣丞李庸築隄禦之廣三尋崇二仞袤八百餘丈通車馬便往來沿岸夾樹榆柳條蔭豫戊夏月綠風透出長林行李所逕志其暑暍狀元春坊庶子少詹事黎惇逌向愛焉為詩曰遮闌水潦為城市驅遣蛇龍放澤道又曰保障千年形勝在桑田百里畫圖開張司業廣之以頌（司業名業安福人）頌曰潛之為邑瀠水所歷沮洳卑溼　歲夏及秋沱江交流為患其尤　縣治東蹊古有長隄民賴以棲　夫何近年崩齧于潛公私患焉　有丞李茂為民是憂隄首

以修　舉之紛紛築之登登鼛鼓弗勝　不旬月終

告厥成功永利無窮　千門萬户惟胥是祜頌聲載

路　我居昔洳我田昔湖民幾其魚　我居今屋我

田今粟民底于穀　石塘名胡徐隄名蘋二賢齋驅

花封隄修成于李侯可以西休　我經潛水爲此頌

美將貽無止是名花封隄好事者擬作東城煙柳圖

謂倘得雲林迂老人駕香舸往来只消用淡墨設色

帯映廬舍參差原土城無雉堞不必醮者顯居也民用恬安

此可徵者

八年白洑隄乃成

十年江汊決知縣事周相修之

二十二年縣大饑上遣畢侍郎行縣議賑募民出粟至二千石者予官特遣侍郎至縣民可謂困矣特疏請命若何人乎當與救庶輩同尸祝百世也

弘治五年夜汊隄決知縣事史華督主簿劉正常築之

正德初夜汊隄又決通判趙景鳥奉文改築新隄三百六十餘丈

十一年丙子水大饑人相食
十二年巡撫都御史秦金檄通判趙景鸞知縣事莫
璵修車老長隄一千餘丈
莫家潭決黃漢大浸布政使高李鳳築之
太平決布政使高季鳳築隄六百丈
班家灣決布政使高季鳳築隄一百六十丈土皆堅
栗
嘉靖元年壬午八月水決栢林垸漂死王恕等九十
六人還灌西城洪源巨輪漂遝有聲公廨民廬時盡

圯丁男婦吞納水口不知紀算竟郊黄茂稟頴盡枯
知縣事敖鐵疏為重大水災乞恩減免錢粮甦活鐵
仰上勅部清浸納其所請
疏曰本縣地方實居襄水下流最為低窪襄江水
發于本月初五日衝決地名柘林隄岸灌入鄭蒲
沱淵崔家等垸泛濫橫流四十八垸禾稻豆棉盡
行渰沒初六日夜漏鼓在戌刻衝倒西門土城灌
入縣市須刻之間墻垣盡被衝倒縣廳衙入吏廨
監房盡行浸頹官吏皂卒升屋以免延至天明纔

駕小舡渡免臣就乘舟行市踏勘民患于本月初九日具申各上司請官踏勘九月初七日蒙委通判趙景鷹臨縣同臣沿垸履畝踏勘得通縣四十八垸田地除官民陸地已納過夏稅不開外官民田共二千四十一頃九十九畝五分六厘該秋糧米九千九百七十五石一斗三升一合一勺七抄五撮低窪者決隄全淹無徵計八分三厘該田一千六百九十四頃八十五畝六分三厘四毫八絲糧米八千二百七十九石三斗五升八合八勺七

抄五撮二圭五粒高阜者漫堤泛浸薄収計一分
七厘該旧三百四十七頃一十三畝零糧米一千
六百九十五石七斗零又勘得淹死老幼男女王
恕等九千六丁口漂流柴栰永洪等草屋房三百五
間急遽舖屋舍七間生員號房屋五間射圃亭三
間六房吏舍屋一十七間取具通縣里老甘結在
巻造報間隨奉布政司糧儲會徼派收本年秋糧
劄付到縣遵旨減免五分外本縣該徵兊軍米一
千七百七十九石八斗臣查踏過薄收田内止有

米一千六百九十五石七斗零于充軍米尚不贍額八十三石五斗有零其京庫折銀米三百石南京倉米一千二百五十石襄陽倉米二千一百六十三石一斗本縣倉米五十一石二斗本學倉米五十七石二斗有零俱各無徵臣伏思秋水爲災慘于春夏蓋肅殺之氣已嚴發生之意不敷水落之後無可種藝止種二麥熟在來年四月本縣庫藏既空倉儲又竭無可賑濟秋冬及春存活尚難前項京庫折銀南京襄陽本縣本學等倉米何從

辦納非常重灾陛下若不寬宥則催徵之令一出荒殘之民挈逃縣雖設而無民虛名而已于國何益糧雖徵而無實虛文而已于國何補臣又查灾傷事例秋灾不得過九月終蓋過九月則會計已定但本縣水灾八月方灾九月方得委官踏驗又且程途遥遠難以常例拘伏頋 陛下憫憐民瘼一不以常例為拘三不以免五為恵特賜蠲免甦救荒殘仍乞勅巡撫等衙門設法賑濟臣非敢負

國欺天干譽百姓實不忍坐遺黎逃移潛死而為

陛下培植夫元氣也伏望俯察臣愚不甚幸甚奉
旨該部知道户部咨知縣敖鉞所奏懇切為民詞
非虚飾固應准理但賑濟蠲免事宜節經例行再
難別議合咨前去煩行布政司轉行該道守巡官
員照本部節次題奉欽依内事理先將渰死男婦
之家加意賑恤或多蕟賑濟銀两分別極貧人户
等則給散或將京庫折銀南京襄陽倉米俱改派
灾輕州縣代納以俟年豐派補守巡官員務在着
實舉行使墊溺窮民均沾實惠以稱　朝廷軫念

災傷地方至意事完希由咨報
十月知縣事敖鉞晉視濬築議開皇莊淤洲迸水東
行疏懇乞恩開掘消除水患圖存縣治　上勅部覆
又納所請
疏曰本縣連治實當襄漢下流地勢㝡低訪之里
老建置之初潛水從排沙口經縣北西流而南會
于潭子口一入荊州一入沔陽天順年間排沙口
淤塞又從高家堖衝開一河流經縣之東亦會于
潭子口而分今舊河尚存名曰乾河初新河衝開

之時去縣不下里許後因高家堖淤洲歲漸高起突出江中激水西射將縣治東北二方堤岸晝夜嚙决今北堤所餘城脚不過二三丈許東堤近北處則自今八月初六以次崩塌僅餘二三尺而已尚又折裂勢甚難支蓋縣治地位本隘縣之東建學學之前建按察分司學與分司即何逼東堤堤内因先年取土築墻及陸續取土加堤今已霪下成溏江水平堤之時水面高于城中地面一二丈餘今東堤一决水即内灌一川之瀉勢若天來虛

腹受侵豈能吞納首衛學舍次衛縣衙布按二司
以及府館迎浪而倒居民屋廬悉不能存而一邑
生靈皆將為魚鱉矣方今冬水消涸暫保目前明
春決不能存臣目睹心憂不遑寧處往復相視惟
有將高家墖淤洲挖開取河流順下方可以殺水
勢舍此不為決不能圖存俾沿江一帶淤洲盡屬
皇莊掌管不敢擅便伏望特 旨許臣于水涸時
併工開挖則水勢可殺縣治可存生靈可保臣等
幸甚生靈幸甚若復循故事委勘覆奏方許動土

則來春水發不能及矣臣敢欺誑臣甘萬死奉
旨該部知道部復所據知縣敖鉞建議前因相應
准理合無候　命下之日本部移咨湖廣巡撫御
史張璟轉行該道守巡官員親詣該縣督同知縣
敖鉞拘集該縣父老從公踏勘要見潛水先年從
排沙口而下後于何年又從高家堤衝開即今城
脚有無折裂縣治是否危急如果高家堤一帶沿
江淤起沙洲阻截水勢衝射城脚即令該縣查勘
見在鄉戶市民僉點夫役及此冬春之交并工開

挖務使潛水順下流之利斯民獲帖席之安而縣
學城郭公私廬舍因而保全實為便益事完通將
挖過沙洲開通河道丈尺造冊奏繳仍造青冊送
部查考仍查淤洲新增籽粒實數若干布政司行
安陸州轉行會莊內外官員照數除豁奏　旨是
二年癸未二月濬皇莊河四月河成民歌曰轉危為
安兮敖公有江公如可借兮我終無殃名恩　江河
四年乙酉秋水大漲民多殍知縣事周延奏報水災
事奉　旨免秋糧十分之七歲辦等料依議停止與亂

敖跳相放不具載

二十三年水逼北城知縣事黃學準奉檄建石磯〻成祀楠栅神〻自撰記

記曰郎官黃學準曰予遊江湖聞晚始知楠栅神之名江湖人凡稱楠栅皆虔心致皈依詢之師巫無可憑準其言神在江湖變化顯異能司風浪弘濟舟船普救疾危黙相大工皇本後先至不誤欽期疊〻不能殫述大抵皆奇〻怪　可喜可愕者鬼神之理容有之矣予海濱之人聞諸海賈事天

妃峻靈上諸神為其謹豐壯仕楚卜俗尚鬼名號紛錯益有捜神記祈未載者宜乎知神之晚也不職忝牧潛縣址逼襄河先任茲者率支持目前衛嗌日近去民居僅二三尺大成殿與分司首丈餘耳予嘗建石磯一所河堤竹木排障九十餘丈隨圮于水僉謂砂土浮壤無力不能負載木石下有潭穴水物所居卒難成功嘉靖戊申歲郡侯又洲劉公偕二守昆池張公寔來相度始議添三磯頭為文水計分守小洛何公分巡大乙張公相維臨

工示以要旨予承上委竭力盡心與同主簿李君辟典史劉子時仁率公正人等躬荷畚鍤磯將成忽折凡再更之而始定時已六月大水踰期不至乃為速成之而漲忽暴至河堤水不沒者數寸所賴石磯砥柱風浪相撞勢甚危始予輩與學博陳君倫袁君奎周君文晝夜坐水次視消長以占否泰居民鳴鼓聚衆勉強從事實令其壯丁從家資他往也予為秋而復之既乃相率叩拜水府祠又相與呼曰楠柵救我行當別廟祀爾神請予父母

刻碑以銘尔神功神或降筆連書保字衆心少安
或曰水再加尺則越矶破堤入市矣適上流數里
行和義豐之堤決水勢漸分川水忽漲壅其下流
月餘不消既退則沿河陡岸皆澄積泥沙漸洲渚
矣老稚欣欣舉手加額曰微神吾其魚手學準氏
曰夫人定勝天國興聽入固也嗟夫幾之始建也
而折而固卒遇洪濤駭浪水石相犯千態萬狀竟
以無虞雖人謀之已臧非有物以呵護之不可予
敢貪神功以為己功哉所謂大水踰期不至與夫

滿不加溢退不覆涸者神也遇抑不可得而知也抑有訖矣潛江郢都屬邑帝居伊邇二聖閟宮在望金玉相輝則夫山河擁護百靈效順以翼千萬載之　皇圖者理無後先楠栅又忍畧諸神之功以專己功哉祭法曰能禦大灾則祀之能捍大患則祀之神之血食茲土固非淫祀無福者矣宿碩既存公冗或奪民率造庭稽首曰大夫忘疇昔之虞乎允民有約相與詛質於神以成其信況面與神約而背之哉背惠不祥食言不信誣神不義大

人其　之子曰方慮若等忌之也乃擇日建祠而
鐫記焉
二十五年丙午水決東河榆柳灣往來城以舟
二十六年丁未沙洋決水注荊州措爲流者其丈凡
有九
二十九年庚戌又決
三十一年壬子又決深谷有爲陵者
隆慶元年丁卯築沙洋夜汊決其北岸泗港決楊林
洲決民苦胥呼意時人爲之語曰吾鄉本澤國年豐

亦樂土家〻足雞豚處〻開塲圃奈何迩年来址冥頻作侮風雲特地興濤浪兼天鼓一决失丘陵四望盡江浦寘身魚鱉中出没蛟龍藪稚子作釣鉤老妻作網罟雖得魚鰕飡更被征徭苦景物寂蕭條胥吏何旁午各府以通判屠炳言嘗塞綿亘一十餘里或曰是水囊也

隆慶四年庚子知縣事梁棟開小河于梁家湾明年水入乃緩若夜汊决也開之所以緩河勢梁家湾在夜汊對岸七里引出策口河

萬曆二年甲戌巡撫都察院趙賢疏題開穴口復故

道以殺水勢以保河防事　上允所奏檄知縣事李
之珍濬開泗港舊河濶五丈左右岸支堤各延三千
五百丈

䟽曰臣親詣被灾州縣問民疾苦據景陵縣民鄧
伸等禀稱該府所屬舊有小河口丁家河泗港口
張接港黒流渡漁泛洚沙口潭子口等處流入各
湖往時二三十年不聞一決堤塍後自嘉靖年間
冨豪侵占湖地私圖己利陸續築塞止存一二口
不能殺水以致三十九年迄今堤塍無歲不決等

情據此為照沿江兩岸舊有前項穴口以殺水勢故堤塍可保地方無虞乃近歲築塞以來堤塍愈高水勢愈大衝決之患無歲無之則下流不通故也夫加築舊堤則徒勞而無補訪求祈口又累議而未定然則為今日計孰若查開舊口盡復其本有者之為易哉且各口築塞未久故道猶存稍加開濬即可疏通況耆民輩生長河畔年老知因其言鑿與有據而有司者止是疏通舊口用力當亦不多智巧者既無詞以推避勢豪者亦何計以阻

撓擾之人情事體似爲妥當續據該道委官德安知府馬文煒承天府同知謝汝詔通判屠炳言及該縣掌印官親詣各口查勘淂丁家河張接港黒流渡漁泛洚沙口潭子口等六處淤塞已久難以開空泗港口見今深窪未漲而能疏通不甚費力止有謝家灣決口應留小河口應濬合動銀穀分委官員督理各緣由呈詳奉批覆勘間續奉案驗除小河口照依原議外看淂謝家灣倒口中間高低寬狹不一未甚疏通尚當挑濬及兩岸支堤俱

未委官督理誠恐漫無責成未免視為故事其泗
港口原係舊道見今水通其間即有淤塞用工當
亦不多而兩岸支堤年久損壞亟宜趁時修補豈
容姑待來年及照丁家河張接港黑流渡等處俱
係殺水故道既在淤塞盡當挖開今乃或謂不通
別流或謂已為田廬明屬阻抗難以准信但該道
府稟稱地方災傷人力不敷姑候各工完日另議
外仰該道會行該府選委的當官員即將謝家湾
泗港口各應濬去處并應築支堤再加估勘各要

見應穵者若干濶若干幫築支堤高厚若干見有里夫若干不敷錢糧若干作何區處一面擇日興工一面具由呈詳以憑具題等情奉此又經行據承天府申称准奉府通判黃應鱗牒称遵依親詣泗港倒口踏勘得本港見係一河止有河口原日築塞近已衝開尚餘一半未甚疏通必須穵開濬大斜近江水以為吞納之地而腹内量加疏濬庶不壅塞水自大過丈量得河口應濶四十丈其內止照舊河廣濶自河邊起至居民秦瑞屋後止計

斜長三十九丈又自秦瑞屋後起至衡決橫堤止長一百八十丈俱應稍濬自橫堤量起長二十六丈中心有六七尺深不必施工又自此至楊湖到口計長七百六十五丈其中地形頗高見今水已乾涸應挑濬以通其流自到口起至居民立廷蘭屋後止俱要有水直至景陵出口並無阻塞其鄰港支堤東岸趙林垸起至傅家垸中洲垸止該加幇堤垸共計五千八百四十五丈西岸楊湖垸起至三汊口止亦該加幇堤垸共長二十六百五

十五丈又郭家嘴起至諸通口止計長一萬三千丈內應築倒口三十八處共長一千五百丈又據潛江縣申稱知縣李之珍帶同縣丞鄒午賢親詣丈勘淂謝家灣西岸支堤東自謝家灣至崔家垸唐林湖口止共計倒口一十九處通共五百六十丈內黃偉垸倒口二處共五十三丈地勢低窪應築高一丈五尺脚寬六丈結面二丈五尺地名石到煙墩倒口二處鄭浦垸倒口一十三處馬猖垸崔家垸倒口二處共五百零七丈地勢畧高俱築

高一丈五尺脚寬五丈結面一丈衝塌低矮舊堤四千四百七十丈高低不等内沱浦垸沿江低矮舊堤四百一十二丈五尺應築脚寬一丈二尺結面六尺馬猖垸舊堤五百七十丈應加築脚寬三丈高五尺結面一丈其餘石到煙墩馬市潭等垸支堤共三千四百八十餘丈舊堤低薄不等俱量地形增幫各以高至一丈二尺脚寬至一丈五尺結面一丈二尺為度又該承天府知府趙濬寝議淂泗港舊跡橫廣約有五丈今止就中修濬不必

加濶惟兩岸支堤仍各去河二三丈謝家灣口係新與河道廣狹尚無定形今當疏濬之處亦各照泗港以五丈為率其二口深淺難以懸測止照深處通流而止合用錢糧若干數目俱以明白合無一面行委照磨劉維先專管泗港荊門州同知陳廷華專管謝家灣仍委通判黃應麟董理潛江縣知縣李之珍時常親詣工所稽查大役其二處不敷銀三千六百六十四兩一錢請乞早賜處給等因到臣俱經備行布政司查處前項銀兩隨據該

司回呈查得庫貯别無堪動錢糧止有德安倉糧未八百八十兩一錢九分八厘存减祿未銀一千六百七十七兩各王府備用未銀六百五十六兩七錢六分九厘并未完萬曆元年分原派楚府廣阜倉祿銀五千三百三十一兩五錢俱係作正支銷之數堪以動支據此卷查先准工部咨爲廣德義陳氏隱稽實效以建永利事該兵科給事中劉鉉題條陳内一款疏浚該本部議行湖廣撫按嚴督各該道府州縣掌印等官郎將承天荆岳襄陽

等府所屬九穴十三口并泗港潭子口等處逐一召集耆老查勘要見其處原係洩水處所慶開濬或被豪冢填築責令退出務要照舊疏通及查有支渠之應浚塘堰之當開如本官疏内所陳者一一着實舉行庶下流無阻而堤塍得固等因奉覆欽依備咨前來已經通行查勘及出示咨訪未報續該臣巡歷各該府屬親詣沿江一帶閱視二次節經業行勘議去後今據前因該臣會同巡按湖廣監察御史李棫議照湖省素稱澤國荆承尤

屬下流自川陝而來水勢寬急每遇泛漲洶湧特甚雖有堤塍勢難保固而往年所恃以為消導之區者實為前項穴口且分洩下流在理本為至順而開復故道於事亦不甚勞今撫荆西道議開泗港其苗謝家二口以殺灘水約計工費除起夫外尚少銀三千六百六十四兩估勘明妥業已興工但地方頻年災困蕪以各處修堤前項不敷銀兩委難措辦既布政司查有前銀堪動似應允從如蒙勅下該部再加查議准將前項穴口容臣等行

布政司將庫貯前銀并催完祿米銀分發該道府
督率委官雇募人夫上緊修濬不敷之數仍容臣
等另處其各附近穴口之家敢有阻撓者聽該道
府從重究治完日細加查覈各承委府佐等官督
理如法克効勤勞者特加獎勵或怠玩悞事及冒
破錢糧者據法徵戒庶水勢得以疏通而隄防可
免衝決誠一勞永逸之圖地方千百世之計也奉
旨該部知道
五年丁丑知縣事朱熙洽建乾河石閘名潘家閘城流以

瀦馬昌負郭之田歲無潴者
七年己卯知縣事朱熙洽建朱家湾本剅引輸巴家
套委注蹴直路便民二河引輸東湖白湖衍溢禾起
枝乃有穎粟
八年庚辰夏五月夜汉水大漲禾減頂秋七月白鶴
寺次鼓濤崩浪瀰望玻璃夜月澄鮮居民如處鏡中
經旬水益溢戳大饑野有殍
十一年癸未夏四月水大漲城潰官民廬舍圮者以
萬計

十三年乙酉水

十四年丙戌秋八月十五夜决深江隄民居林木汩為淵有釣叟為謌曰深江一釣叟天為鑿深池一夕風雷迅丘陵俄頃移倐然成大壑雲物望中疑隱〻鼋鼍窟蒼〻江海湄古来多变幻今日始知之風靜魚兒喜泥香燕子知芳春宜載酒清夜好垂絲遣興凴魚鳥無心逐鹿麋百花潭上水間賦白鷗詩

十五年丁亥水

十六年戊子大饑民有殍

後九年丁酉車堨垸決知縣事曹珩築之更名車堨
垸為長堨垸八月河水震溢池井溢一
其明年戊戌濬修泗港水道平于水府廟增築石磯
以護縣治
又二年庚子知縣事潘之祥濬修泗港水道平近港
市豪緣閹監為奸塞之
萬曆四十一年癸丑知縣事王念祖太僕卿歐陽東
鳳上議疏泗港河不果
念祖議曰余嘗親蒞泗港閱塞口堤塍見堤內民

舡湊集皆自京景谷而來沿堤而止不知此河之所通者遠也復操小舡視兩岸隄皆此然如山東爲趙林楊林中州垸西則爲揚湖三汊口二聖寺凡二十里而爲郭家嘴中皆河濶水深由郭家嘴而分爲二支一爲汪二港至張池口出連口大江一支由曾賢口至魚星河而又分或由竹同河出雲口或由線河出團風皆入於江然自郭家嘴而下余不能至焉要以父老所稱合之傳誌所載原委昭然以爲開則由冲決塞由淤漲萬無不可信

者也由郭家嘴而登高埢一望蒼翠南達太平北麗青山非茱非禾可以供燎而不可以供食者揚林等垸之蘆葦也鳩形鵠立擁車載道言之而哭聲動地慰之而欷聲震天揚林等垸之災民也審其所以昔之高腴自泗港塞而永鎮之淤漸高揚林等垸為之壑但有水之入而無水之出也能無漂沒乎若是則不宜塞而塞宜開而不開其故何也一由府揔之營私當永鎮之未決塞而塞港府揔之為湖池者皆高壤也一由經紀之專利潛江

豆多谷少皆自青山來泚泗港莫可由也塞泗口而歆糴者不得不減價有力之滑賤入而貴出之若歆搬運而脚夫百倍悉受其利則其塞而不開者居民壟斷而又假大府以為之崇也以逐末之賈而妨務本之農以一人之私而戕萬民之命不太毒乎使之開而楊林諸垸之水可出也且楊林之田可淤也目今可辟其害而日後子孫亦得享其利此猶以一方言之也蕩蕩漢水承天而下無二道焉築而不疏勢不能驟下則必決自永顧議

築而余已憂之計凡水之故道皆當宣洩之之必自泗港始今永鎮將告成而下邑益為凛凛試開泗港以殺其勢而潛之南北諸垸無不受其利潛之城池倉庫無不受其利者可不再計而决也以其開塞之故言之往者不具論萬曆二年兵科給諫劉亦嘗請濬穴口以殺水勢撫台趙題請委官開疏動支官銀二千餘兩修築内河兩岸垸堤久堙至今存所屹然如山者是也嗣後二十一年曹知縣開之三十一年潘開之此數公者留心民瘼

所傳者正人君子也使開之不便則當時何不聞有水害也正人君子甫至而即議開甫去而即議塞其開也以旨以明文其塞也僅奸人一丸泥耳曾不聞有正大之議主持其間而后塞之也為今之計考之往蹟而議可塞也議塞者曰太平垸受唐夫太平在中州垸以内其地高以中洲受水開泗港而中洲之水大亦或浸及太平然太平自有堤可加而高也自救良易欲塞泗港而中州以北永無望矣可謂公乎太平垸内半係府搃歲受經

紀之利而假之威故為是言耳又曰景陵受害夫以鄰為壑余必不若是但江自承天而下泗港之河通景陵夜汊之河通監利蘆洑之河通潛沔如謂景沔塞泗港則監利何不塞夜汊潛沔何不塞蘆洑蘆洑在潛而潛不塞泗港不在景而景不塞潛乃代為之塞以自貽害也耶且聞之景陵護城堤較潛堤更為高阜景陵之河尤為巨浸倍于潛之蘆洑也即開之何害于景陵又况景陵之病水也自有永鎮青山諸水豈在泗港之一縷乎天下

事未有利而無害者開之利曰殺襄水之勢、曰通灾垸之水、曰守各垸之淤、開之害曰費熟垸加帮之功、曰減居民壟斷之利、相提而論輕重不較然也哉語云三人謀則從二人余亦欲廣詢之也初諮其地宣言曰疏河之後有言便者有為一義先竟其説有言不便者亦自為一義後盡其辭乃言便者數百人而言不便者無一至也意僉謀已合手及踏勘完還至中途人已散盡復有數輩倡言了無片紙而以塞口始末来投及接閲非書生出

位之謀則異邦請托之柬雖經府廳獨斷亦含糊而不得其情不知當時何以服人也前縣安亦嘗議開據其立案揣地勢體民情陳利病非不確然井然迫遠方勢要之言一壓之耳而議遂不行任事之難如此余今查下民割膚之陳體上司愛民之心據一已耳目之所及將無所顧忌而意在必開豈曰剏非常之原夫亦證故道于水涯畀前賢之芳躅耳謹議

歐陽東鳳與太守議開泗港書曰縣江漢間一澤

國也上流澎湃下口壅塞水一入潛永無出路而泗港一河原爲宜洩故道適奉按臺批詞方在勘議尚無定論乃景陵士民遂從旁阻撓大都謂泗港淤塞多年一旦議開則永鎮之害未杜泗港之水又來走請就其言而爲景陵謀之夫景陵之害莫大于永鎮然必下流疏通吞納有地而後永鎮可築築亦可保若水口壅塞則萬里奔流之水束于一縷之河洶湧衝決何所不至恐永鎮之害終無了期矣該縣士民知永鎮之害而怯于夫力之

費遂罷永鎮而專議泗港若曰永鎮之費既省而泗港之水不來則計莫便于此耳夫水必有所歸不來于景則往于潛矣景陵亦當平心設處我阻其來誰肯獨當其往乎况其來也不過以景陵應洩之上流還洩于原有之故道非潛江之水而以景為壑也亦非先本無河而創議自人也又不過假道景陵以達于江非如潛江之入而不能出也來而有所洩即來何害開而于永鎮有濟則開又為利不急講于人已兩利經久可行之完策而謬

執其損人自便苟安目前之類論其于利害大小之際抑何忿忿也泗港自萬曆初年奉旨疏濬屢塞屢開河身依然舡貫通行而詭稱淤塞多年以抹撥明旨此其咎不專在景陵益近港居民豪有力者以塞港而後京景穀舡緣堤住泊賴以致富恐開則舡隻經行無由得利故璫焰方熾則倚太府為祟璫勢稍衰則借景陵為援多方鼓動百計旁撓景陵士紳居處遥遡不知該縣所關係政不在此故隨其術中而莫悟耳敝邑縉紳硜硜自府

溪谷小民亦皆樸野遜懦本不欲妄有陳説但彼既嗷〻求勝義不得無言而處此伏乞老公祖轉行勘議疏排與曲防孰公孰私泗港去景陵與潛江孰遠孰近潛江北城一帶沿河街市有無崩塌而田土與城池孰重孰輕開故道以自救與壅水口以病隣孰是孰非潛江四面皆滂池與景陵半壁皆沃壤者孰苦孰樂從公分剖力為主持以解倒懸以息嚚爭合邑幸甚

又與兩院議開泗港書曰嘗開水無全利亦無全

害通之則利壅之則畧分受則利獨衝則害去而有所洩則利來而不能出則害故神禹先疏瀹而霸主禁曲防然利害得失之大較也敝邑泗港離縣治綫二十餘里有古河一道分洩上流以達于江蓋水必由地中行而后勢無横逆民免昏墊所從來舊矣曩者潛景之議嘗出于一故趙大中丞題請疏濬亦據景人鄧伸等之條陳原任兵科給事中劉鉉之疏議非專為潛江而開也其後附港市豪有利于築口以停商舡而私壅斷者賫緣太

府持議閉塞無何而曹尹開之已復塞而潘令再開其塞也實藉太府司牧爲衆其開也亦由敝縣官民主特未聞景陵出一言阻之也三四年間豪民見太府盧焰稍衰遂改而倚景陵爲重復藉漢川爲援該縣士民墮其術中而潛景之議始岐而爲二矣然亦自知病隣並言俛求未嘗顯然詆潛江之爲非也至今日而是非愈淆囂競益甚潛江以塞爲病潛而景陵亦以開爲病景夫使水而果由潛以入景也則潛江何敢損人以自利然而水

之經行自有故道也由承天而下一支從泗港通景陵一支從夜汊通縣西而通監利一支從蘆洑徑通潛江河道見存邑乘具載今潛江既已自受蘆洑夜汊之水矣而應通景陵之水必欲障之以注于潛不知潛以景爲壑乎抑景以潛爲壑乎不知疏故道者爲病隣乎抑曲防者爲病隣乎何其不自反也又使果有利于景無損于潛也潛江亦何苦過分畛域浪費唇舌然而今之潛江非昔之潛江也十年以前宣洩有路猶可代景受水今監

利沔陽瀦水諸湖俱已淤塞一入于潛永無消除之期致令楊林中州黃漢等數十垸田悉成沼閭殫為河夫假道景陵以遠大江景陵猶不肯受乃驅其未而有所洩之水以注于入而不能出之潛豈景陵田土有税糧而潛江獨無税糧乎景陵士紳有廬舍墳墓而潛江獨無廬舍墳墓乎何其不恕也泗港客遏縣治一堤橫亘水流迅直每逢夏秋水漲由蘆洑直衝北城𣏾東一帶逐年崩塌迫近城脚相去纔十餘丈耳年復一年不知將來作

何景象田土為輕城池為重故潛江士民憂在眉睫乃景陵遠在百餘里外以由泗港迂迴達江亦藉口衝城冀以聳聽何其不情也十年之內曹尹潘令目擊潛民困苦兩次疏開河身如故而曰淤塞年久何其誣而無稽也頃者按臺謁陵道經敝邑連名控訴批縣查勘王令親據舴艋詳察水勢復稽考舊牘詢訪輿論從寔具申批道覆勘正侍議定通詳而景陵士民遽爾張皇阻撓蓋景人言景潛人言潛令景者為景陵潛者為潛以人情所

必至無足為怪若景人既越境以防川人先人以防口居已于利而嫁害于人則義之所不出也况潛景同為台憲賜履之地如天之無不覆如地之無不載有何軒輊雖以景陵之膚愬致煩憲俾然止禁居民之盜決不禁通國之公議則其一視之公痌瘝之念亦可覩矣鳳自忘對菲粗陳梗槩伏乞台臺委官查勘同一澤國也水自承天而來景陵何以不當分洩而潛江何以獨當异注同一赤子也景陵何以防水病隣而潛江何以代隣受病

同一水也而縣俱有近港田土消滴入景陵既曰莫大之害而潛江何以獨有淤田之利相去百餘里之景陵既恐衝城而二十餘里之潛江何以獨無慵戸之憂如一語無驗鳳當與父老子弟同受斧鉞之誅臨啟不勝激切不勝惶恐

太府永鎮決徵後築之知縣事王念祖揭之乃止後不赴築

揭曰潛江之丁永鎮不當築也不必築也不能築也亦不暇築也奚以明其然漢之廣矣不可遏也

上流下塞不決不止決永鎮而水出京景具勢旁穀潛之堤尋常能禦之矣是永鎮之災乃潛之利也若築永鎮而下決之水潛將不可保豈有與土築堤以有速其害者乎故曰不當築永鎮決而潛之受害者豈曰無之然東北一衣帶耳於潛之城邑無故也若永鎮築而一帶可免一西南則已亘地矣拒虎進狼何利焉況以一方而疲一縣之力又何異以一指失肩背故曰不必築潛民築潛不出門庭極急而亦極易若赴役拾二百里之外將派

之於田乎而民不堪命將崔之自宮乎而公稟督
處故曰不能禦潛有七十二垸無一堤不增加無
一人不戮力若為永鎮助將暮而舉之無此力也
將舍而就之無此理也具永鎮築而水勢將倍於
昔緣江者靡不有戒心而工亦將倍之故曰不暇
禦台又云自古以來無有與水爭道者障之不若
疏之令不議疏而議障障之永鎮能不決之京景
障之京景能不決之潛沔蓋自大府言之永鎮鎮夕
大監一府地則保永鎮而已利合荊西而言則有一

方受決即淤生民之利焉在其為全策也況永鎮之後旋築旋潰亦無必固之方若聽其缺陷以救水勢而於決口兩岸築堤以防為壑之田築堤之費亦足相當天然而永鎮安潛江亦利矣此則本縣所願協力者也意者地勢人情有所不可乎亦鎮工成本縣急自為計築堤之外更當濬河查嘉靖間知縣敖鉞奏請縣河東圻掘思江河隆慶間知縣梁棟開新河二道於梁家嘴以洩夜以水萬曆初年知縣李之珍開泗港令故道猶存而皆於

塞夫便江水汛溢自爲衝决不若先爲之地以洩之揭之上上以爲然

太府議築趙林知縣事王念祖持之堅止不築

念祖議曰趙林之役全以爲景太府之於潛有分土無分民也安得舍景而全責之吾民乎且此役費力多而成功寡成則景受其利而敗則潛當其害不若姑侍之府以爲然遂不築

萬曆四十三年乙卯總口歲苦决沔委役于潛知縣事王念祖持之堅止以責沔沔乃全役築之成

念祖議曰堤實潛之地也潛之堤固不能令沔人代築然既爲潛之堤沔人何能強潛之必築手如以爲不相關則於沔無與如以爲相關則止論利害何分彼我沔人自貽伊戚於本縣何尤守巡駐沔會議者以沔害實甚責沔全築

河防志下

潛受漢委大率西決東墈則江陵為委注荊門為旁輸西下決夜汊則江陵為旁輸内決蘆溶則沔陽為委注景陵為旁輸戢例害多者築十之七平則半之減則三之一決者主修協者附修此其大較也潛一黑子壤據他地上流其戢決崩嚙流泆淳斥之土無算濵岸平原官夫率數萬箕數千鍤視為寄浮戢與操縱從事其間其不腐爛不為茇牧蒲筍之贖數者幾矣夫之越者必南其轅適燕者必北其轍道相反

也厝而逆旋之寧不悖乎治水者下爲釜則其勢易鍾横濫肆汜禍及平田利用築下爲川則水不至瀦洩則其毒大减治之利用濬此其大較也太史公曰上者因之其次利導之粤自泗港築後二十年餘閭殫爲河水禍烈已人率支吾不致盡於旦夕之命者疏濬之議未絶究後王侯念祖爲吾民救主持剛决不至沒委也越十四年乃有豪桀强右之家苦湖注戕久不能得一等田與賦衡高下夏月水甚漲夜[illegible]渠引濁泥漑之河遂引而東行奐然水與江通不至

瀦任之則禍緩而小惟主疏主築不一人故受利受害不一例因得紀其年月潰決築防以備鑒往者採觀焉

崇禎四年決排沙經沔陽羊皮白麻出黃荊會仙桃河過漢川至大別入江此漢水東南由潛入江之截流也

崇禎五年壬申築排沙尋決

六年癸酉築三月尋決

七年甲戌築又決

八年乙亥築又決

九年丙子巡方余侍御荊西守吳大參蠲夫六百六
十二兩檄薛主簿築之堤甫峻六月决
十年丁丑造木排障之歲稍稔明年戊寅决
十二年己卯巡方林侍御撥沔牧景潛令各蠲夫一
千兩檄鄭巡哨築之歲有稔明年又稔
十四年辛巳决野猫塌决
十五年壬午築又决
崇禎十六年癸未李自成攻縣城居民死之民多一
止築河水平明以終大率疏則利築則涸止則平語

曰前事者後事之師也可逆覩已

清興順治元年甲申止築河水平戧大稔

二年乙酉止築河水平戧大稔

三年丙戌止築河水平戧大稔

四年丁亥止築河水平戧大稔

五年戊子築邊江

六年己丑邊江成戧有稔

七年庚寅景沔興築排泄荆西觀察使馬允之以徐旗皷督築築成更名旗皷堤楊家灘洪蘆洑洪茉莉

灣决

八年辛卯巡方侍御史聶撽築茉莉灣（灣七分 潛三分）楊家灘止築水大平

九年壬辰止築水大平

十年癸巳景沔顧築楊家灘成高家堤决

十一年甲午高家堤築成傅家灣决河西等垸盡决

十二年乙未傅家灣築成高家堤决余家灘决河西等垸盡决守巡會集州縣議留野貓塌以殺水勢一果乃詳議公築以免舊藤事（前事奉清戎廳馬通樂詳奉本府江府李起元）

肴潛堤築淺之議三州縣士民各扌木貝聚訟紛
紛前議畄野猫塌一口以殺水勢蓋因權利害之軽
重不得已而為此通变之說景沔人先不执爭而役
有繁言屡控不已情詞亦極迫切計惟变通之中吏
思变通誠如戎廳所議不若仍舊新增加幫兩岸沿
江自修護城堤沔陽與潛江協修付家湾景陵與潛
江照原派分数協築余家灘其上下危險處倍加高
厚以遏怒濤以聽水勢之自循故道而職府于此猶
有過計者潛堤既閉景沔安危一築之後故潛人伐
為保護潛方自顧不暇利于骯淺而乃責其培葺補
救此必不得之数也請于築後酌分汛地以重責成
如傳家湾余家灘野猫塌一帶堤内既有沔景之田
自有沔景之人令受利諸紳與潛人之同受利者公
議設立堤長数人量給養贍方春水發時則于堤上
苫蓋草房每隔一里則住一家率附近烟户往来守
護見有薄削處所即自行培補州縣水利官不時巡
視若大勢危急即飛報該州縣牽夫併力救助允隔
年農隙則通行加幫脱有疎虞堤長因當治罪州縣

分汛嵩官與坐視不救之正印均受參罰庶幾責成重而人心自爲守蕪潟同舟共濟之誼矣奉總督部院祖批三屬利害攸關允宜酌求久之方使各蒙樂利安戎官詳議至當至公可以排衆論而決群疑而安陸府所云更爲善後要着仰行三屬一一遵炤秉時急築毋再偏執阻撓當以嵩患殃民題究地方官不職矣又奉撫院林批三屬各執其是終同築舍府廳兩議既稱可行可久仰即嚴飭各屬遵炤務期永絕異議可也又奉撫院張批如議速飭行繳

十三年丙申築高家壋尋決滎家壋決清軍水利更議驗堤分築以嵩責成見水患頻仍饑溺難堪等事

前事安戎馬逢樂詳稱十月初一日奉督臺委驗潛江滎家壋親至仙人提自潛沔交界白茫鋪起至潛市止三十里而遙堤形淡多存少劉子港等處數丈又甚卑下高處較潛地已矮數尺況低[illegible][illegible]之所議

四萬五千恐不能成大堤若小堤無益也且遺高垸至白並舖二十里又在三十里之外害實甚也況仙堤之難成通州不肯好義西湖不能自爲該州一八婆心無奈沔人不但不肯公濟且多入室之戈仙堤不果必協潛江泛泛言協終成築舍本廳十月初一日自高家垸到拖市親踏堤塍各有平險欵定平險各認加修勢必分段跳越瑣碎將必潛來沔失約沔至潛觀望本廳委潛令自高垸丈至拖市親踏堤塍六四十二里零二百四十七弓令潛江幫潛城上十八里沔陽幫下二十四里有奇沔人必曰均分則應各二十二里有奇廳曰潛江近城多小堤正當水勢湍激難成大里猶爲其難就其汛堤難辭較不協何如也沔若歎乎分較築仙人堤何如也若潛人以爲下二十四里水勢稍緩潛人頭築獨不思沔城離潛一百二十里洪水一至沔官沔民能應緩急乎故潛築十八里沔築二十四里百奇爲攸當也上十八里有事潛人自築沔人不協下二十四里有事沔人自築潛人不協何處失事仍處各處官吏圩頭弁抗工

匹夫之人此法行人各為力以斬向来葛藤新樂江河西邊堤計二十五里潛人築上段十二里半沔人築下段十二里半有失各築各汛如前議狀自高壋至拖市與景陵無涉也而蘆洑口至高壋二十七里零一百九十八弓則潛景沔俱受利害焉今議潛江主修四分沔景各協三分自蘆洑口上八里零九十五弓半景築中一十一里零七弓潛築下八里零九十五弓半沔築冉洛江河至深江站止景界計一十一里零貳百二十四弓上截四里零二百三十三弓半潛築中截三里零一百七十五弓景築下截三里零一百七十五弓沔築有事各築各認其中即有平險不一不能盡舉各認各用心以免推誤此即向来督臺所謂分定界址主協各認之明擻也惟望大：主持若以彼此推諉人各挑擲則仙堤既不能成潛又屬虛語三冬一過春水漲泛不知為潛沔者以自處也伏乞力情批定到府到道呈詳奉總督院批我官所議情形燎若指掌殊為妥確可行仰今三州縣照派要工東時堅築備有坑色塁蒂六生

端異議阻撓挺事者即
指名揭報以憑重究繳
十四年丁酉榮家壋築成黃家湾決何家套決劉家
湾決
十五年戊戌築何家套尋決莫老潭決汪家剅決秋
緑麻黃家湾決
十六年己亥沔潛大苦水害沔潛會請築蘆洑河以
塞上源
十七年庚子潛荊江監衛會築緑麻黃湾堤分守荊
西刻石記成

記曰環郢皆水也惟沙洋下至綠麻黄灣三江口一帶當襄河下流害鬬荆潛江監衛屯爲尤甚五代時南平王踞江陵荆邑盡屬轄沿要害百餘里築堤捍之自沙洋至三江口統名高氏堤踞今將千年民猶稱爲王摧無分制故垂利大且久也嗣是修築數十見皆江監荆門衛屯與潛均任之遠無論即明正德丙子嘉靖癸卯丁未萬曆丁酉．以例具在今上戊戌仲夏綠麻黄灣兩堤先後決．余時巡荆南一日者百姓譁呼塞道僉言水至滅不

沒者三版同時監利亦告灾余訝而未得所以述
數日始知兩堤決為江監害至決郢太守丞暨花
令相繼請協荊前太守哀民窮勢不可然水害兩一
一年矣新太守耿君來荊紳衿士庶見必言及君
性温厚不作意見乃從民志具詳于余遣從荊南
移守荊西荊南且不得代圖滑畫兩屬官民面告
曰若苦緑麻黃灣之害乎將惜勞一日而貽患無
窮乎抑盡力出時而畫利百年乎將偏執私衷而
民命嘗試乎抑和平相濟而造福斯人乎衆曰惟

公命余遂率諸兩堤相度估筭計緑麻水旱堤共長四百五十九弓用夫二十二萬六千一百六十名黃灣水旱堤共長三百三十三弓用夫一十萬六千四百一十四名率以十分潛汛堤也獨出夫四分五厘荆門出夫一分伍厘江陵監利各出夫一分七厘荆衞僅出夫六厘按堤計土按土計夫按利害主協計分數請之太保李公少保張公右指李公報如余議爰命郡丞林君督其後君慘淡經營罔辭勞怨起去年季冬成今年仲夏凡六越

月維度戕不歸署追法古之遇門不入者欲思度佑筭時黄沙流水野無居人曾幾月而日來牛蔽野村舍成林耕者釣者桑者牧者比比而然汹非兩屬官民同心共事將譁呼塞道告災請協無日得休矣民則誠愚官茲土者其忍焉否乎郢太守馬治水久著潛令賢勞獨肩與荊牧薛江令戴監令韓荊守倫周賢均有功于斯後得同荊太守耿郢丞林並畫諸石以志不朽苦上而太保少保直指諸公明德豐功所在皆是無待余言爲頌下

而趨事胥役側刊碑陰不敢與郡縣等示鼓勵且不忘勞云

沔潛會築蘆洑河尋决沔陽詳報本年正月内潛沔兩屬紳衿士庶議塞水原以爲一勞永逸之計卑州已經移會潛江知縣葉臣遇并兩屬紳衿士庶于地名拖船埠公同商酌彼時熙受害之多寡定修築之分數沔認六分潛認四分衆議僉同士民咸服擇取十月十九日告土二十日興工合計報

康熙五年丙午景沔潛大苦水害分守荆西以修[illegible]不如修河議請濬徐旗鼓隄以殺水勢允之更名·具鼓堤爲通順河

六年楊望屯、嘗隄决荆安、兩郡大興役尋潰

七年兩郡復大興役知縣事王庚歷之臨洋乃作歎

一歎曰四月怒濤高奇相亂南紀圻岸無餘基茫、

盪風水麥豆入淼漫林杪躍魴鯉沱潛稱澤國民力

素窳些至今千里外道路多逃徙噂沓洵失計忌醫

養瘡痏遂乘三冬凋驅萊薄修理總、饑寒人挾畚

到江涘斟酌啖餱糧袒裸宿荒藟殘黎能幾何性命

賤如蟻二歎曰漢水注東南勢危如建瓴蟻壞啟禍

穴汎濫擬東溟鄗人寡聞見祗役始揚舲登城看江

皐上下照列星西北多崇山巑岏入望青或言移作障永使波濤寧愚公頓力堅神人亦有靈此策無乃奇荒誕不可聽三歎曰一日築一寸十日築一尺校計尺寸閒民力毋輕擲北風起枯楊凍雪黯沙磧非不懷偷閒長吏有足追防舟不惜砌防馬不惜軛唶爾河伯心堅恐有如石邑人傳誦嘉之有相屬而和者嚴欽謨續有歎別載藝文感其志在恤民也

八年己酉復大興兩郡役八月水方平工始築

九年庚戌五月築乃成劉清戒刻石記之更名新豈

堤

記曰新豐堤者舊爲楊旺騰雲二堤濱于漢水[illegible]綠麻黃湾之中實切荊安兩郡之利害自康熙廿年始兩郡分築民不得休息以至于今其間人事先後之不齊二力堅暇之不一或未竟而輒懷或甫成而即潰魚鱉驕于南畝鼀黽浴于東郊室廬蕩柝流離滿道上歷飢溺之憂更五載矣八年夏六月撫部林公以勘災舟緣潰堤之下時維潛江荊門合築之堤尚存率荊安兩屬官民登焉任濤

怒號魚龍出沒茫無畔岸猶如大壑于是倫詞修
築利害得失之宜兩郡民生疾苦傳訪先年沙洋
緑麻黄灣故事遂謀于本藩劉公命餘霖鳩兩郡
之工合力築成之撒兩府率府屬會度地勢建立
形式計筭夫役騰雲水旱堤今名上新豐計九百
四十五弓楊旺改口堤今名下新豐計八百九十
六弓月堤計七百二十二弓共計堤二千五百六
十三弓主協分数悉遵緑麻黄灣舊例八年十一
月興工九廿五月念五日大堤告成八月二十

月堤紀竣止冬春夏秋四時爲日二百八十有可
雖祁寒暑雨歲時伏臘餘霖未嘗一日去是堤也
堤成之日緣堤上下畝入數倍流離之民漸歸共
上父老以楊騰之名數不利于堤五歲以來徒勞
我民未底厥績今新堤甫竣豐年應之請更其名
爲新豐之堤從民望也餘霖曰嗚呼大利大害之
所在誰不欲速成之以安其民而謝厥責然非有
大公而無我至明而不蔽者爲之主張而綱維之
雖曰勞于下曰瘁吾民徒以自困而已安能與其

尺寸之獲于萬一也耶所以古人成功之日必歸功于其上豈皆好謏哉誠審于事勢之必然者爾是堤也數年之間兩郡之民交相諉亦交相訌是惟交相害靡有寧歲官兩郡者未嘗不思旦暮躋之袵席之安未嘗不平其心和其氣與為親睦與為敉寧寃之築室道謀不得其術撫藩二公鑒困循之原除嫌疑之迹委任責成獨斷而力行之繼兩郡之民大兵大役大荒之餘四五年間必不能成之功不終歲而成之何其神也何其備也餘以於

思授事之初凍雪冀旬雷電非時棲宿于白沙更水之原雨暘風霾倏忽異態日與搽畚鍤者同作息即一飯之間不忘祗懼也幸寮寀之同心從一不再撤工無間時雖雨雪得以弗輟疇昔之日其交諉交訌且交害者今一旦而交勸交勉交助矣噫非甚盛德何以格民心有若此耶是豈吾而郡寮寀所敢冀其萬一者歟而餘霖霧有厚幸于其間矣今日之功不可以不知其所自爰識其始末以貽後人

十年辛亥旱六月水決白湖知縣事王侯提負錘往
寘決河〻流迅疾悼之乃詞詞曰塞白湖六月三日
河伯怒河水直下一千尺堤内堤外無乾土負薪兮
薪不屬舟船不敢近兮乃停于澌斬茅根兮爲揵纚
纚微弱兮難撐拄田中止有十老夫十老夫饑餓自
朝至日昃擈之不畏仆于路側白日西舍將昏黑波
濤一夜安所極噫吁戲白湖迅流何時塞詞止河害、
寘還告鄭浦決侯往臨鄭浦見鄭浦歎曰噫嘻吾曰一
鄭浦之水駭出竹而趨于田也蕩激天地河冲蝕之木

傾款為不下齧桑淮泗將無同君不見前任騰雲之決口長十里三年無有一年豐今年農人學插秧亦騰驤受黃雀風陽侯難測識矍鑠久稱雄擊鐘考鼓入鄭浦蠏螺盡屬鮫龍宮歎鄭浦鄭浦南下一十有三區畔隴舊與垸區通一區之田一萬畝垸今十餘萬畝嘉禾失青蔥噫嘻危哉我行堤上仰蒼穹媿無箇人畫地撮土法窮冥無由致八公伍被告許驅劉安不得至今傳神功鴻寶枕中術金奇鑄金不驗損孤忠兩月以來苦無雨苗枯葉落翠旋金支祈靈露

雨師不至天吴至洪波照見火旗紅鄭浦廠築又歌
澤門暫促人哀怨無時終還斑家灣大決沔陽利之
不救岸土圻磯石裂巽鎮蕩于水民乃惡背前約故
邑城東南隅古名乾河口爲漢沔之津舊建有潮
也音閣爲巽峯所謂鎮鑰亦邑之勝觀也前約見頃
治十三年丙申奉
分築以崗責成
十一年壬子班家灣決口沔人背不救撼我城河堧
民居蕩析盡

潛江縣志卷之

邑人朱士尊輯修

男載震編次

後學李世儒校正

藝文志上

大哉文乎、刻之金石與天壤而相弊、書之竹素與日月而並懸者、其文傳其人斯傳、吾潛叢土濬啟名賢、冊簡冊如林懷輕經成市亦幾琳瑯觸目矣、乃極盛之中有極衰者、伏延祐間波臣與民爭土邑乃播遷文獻燬逸律□

石　若　維

沉沒莫考，累代傳文，遂如牛宮之水、蟻蛭之林，丁
天谷王，拂日若木，良可痛也。故舊牒所載，皆百年
書，寧無荒落。茲復搜之國史，稽之家乘，得疏傳記序
千首，簡其有關于興革之數、風化之原者，彙而成編，
有十城之珠，不敢紆樓船而過之，其亦觀要貴博觀書
貴要之意，作藝文志。

奏疏

開新河疏　　潛江知縣　敖鉞

題為懇祈天恩開挖皇莊淤洲消除水患事

救生靈事照得本縣建治寔當襄漢下流地勢最低
之父老建置之初潛水從排沙口經縣治北西流而南
會于潭子口一入荊州一入沔陽天順年間排沙口淤
塞又從高家腦衝開一河流經縣之東亦會于潭子口
而分今舊河尚存名曰乾河初新河衝開之時去縣不
下里許後因高家腦淤洲歲漸高起突出江　四
射將縣治東北二方隄岸晝夜齧割即今北限崩尚
餘城脚然亦不過二三丈厚東隄近北處則自今
月初六等日以次崩塌僅餘二三尺而已尚又拆裂劣

甚難支葢縣治地位本隨縣之東建學々之前建拯寨
分司學與分司即倚逼東隄々內因先年取土築
陸續取土加隄今已窪下成塘江水平隄之時水高
於城中地面一二丈餘今東隄一決水即內々之
瀉勢若天來虛腹受侵豈能吞納首衝學舍次衝縣衙
布按二分司以及府館迎浪而倒居民屋廬悉不能存
而邑生靈皆將為魚鱉矣方今向　水漸消涸暫保
目前萬一襄江復漲备前即暫可保明春決不能存臣
目覩心憂不遑寧處目前之計　只得將隄々內取土之害

貼一重但掘挖大深而隄脚愈虚外蘯内潟況矣沙[illegible]
豈能久固臣往復相視惟有將高家腦淤洲挖開取河
流順下方可以殺水勢舍此不爲決不能以圖存但沿
江一帶淤洲盡屬皇莊掌管不敢擅便臣竊伏思之陛
下龍飛當天四海一家尺地莫非其有何少此洲且一
洲之子粒視一邑之生靈孰重愛子粒而存[illegible]愛
生靈而存一邑孰大伏望准臣所言特旨降[illegible]許[illegible]即
於冬前水涸之時併工開挖則水勢可殺縣治可[illegible]
靈可保臣等幸甚生靈幸甚若仍循故事奏勘覆奏方

許動土則来春水發緩不能及矣此盖數十年之積甚以遺於臣今日之事萬分迫切不敢緘默坐視臣誑臣并萬死

附户部覆疏畧

看得知縣敖鉞所奏臣等竊料前項江洲係近年沙泥淤積低窪者蓄長蘆薪高阜者種蒔雜穀不係冊內額數官田收子粒數亦不多苟可救一縣之民何惜棄一洲之地特在聖心轉移之間耳所擬知縣敖鉞建議前因相應准理合無候命下之日本部移咨湖廣巡按

都御史張琮轉行該道守巡官員親詣該縣督同知縣敖鉞拘集該縣父老從公踏勘要見潛水先年從排沙口而下後於何年又從高家腦衝開即今城腳有無拆裂縣治是否危急如果高家腦沿江一帶淤起沙洲阻截水勢衝射城腳縣治將危生民受害即今該縣查照見在鄉户市民僉點夫役及此冬春之交併工務使潛水順下流之利斯民獲怙庥之安而縣與城公私廬舍因而保障無虞寔為便益事完通將挖過開過河道丈尺造冊奏繳仍造青冊送部查考仍查於

洲新增子粒實數若干布政司就行安陸州轉行營莊
內外官員照數除豁

水災乞減錢糧疏　　敖鍼

為重大水災決堤灌城渰死人命漂流房屋渰々地
倉廒浸倒公廨牢獄懇乞特恩減免錢糧以甦殘命事
臣叨由舉人先任直隸安慶府宿松縣知縣丁母憂起
復本年二月十九日欽蒙除補前職八月初三日到任
入境之初看得民間田禾茂秀黃豆木棉各皆豐盛可
愛竊為潛民大喜奈何本縣地方窪居裏水下流最

低窪襄江水發於本月初五日衝决地名柘林堤岸沿
入鄭家池埠崔家等垸泛濫横流四十八垸田地俱被
渰沒前項禾稻豆棉盡行渰死初六日夜二更時分衝
倒本縣西門土城脚灌入縣市頃刻之間高屋封簷矮
屋沒脊臣聞水勢人喊隨即開監將囚犯送樵樓以全
其命未旋踵間本縣墻垣盡被衝倒縣廳衙[illegible][illegible][illegible]渰
沒吏舍牢房盡行浸倒官吏皂卒只得升屋避命[illegible]至
天明纔得小船渡救臣就乘舟行市路勘民患看得文
間水至倉卒無備人家男女止是奔命升屋米粟貨物

俱各渰浸預備倉止有稻穀二百七十五石水封倉廒
盡數渰沒布按分司并府舘儒學等處墻壁及文廟
東西廡屋教官衙舍俱各浸倒祭祀器皿大半被其壓
爛漂流城市之中蕩漾若湖鄉村之外瀰茫似　人跡
不得相通一十八日方纔退落臣於本月初九日具申
合于上司請官踏勘并權宜處置將浸濕稻穀給散窮
民以濟其饑至九月初七日蒙委通判趙景鑾臨縣督
同臣沿垸履畝踏勘得通縣四十八垸田地除官民塗
地已納過夏税不開外官民田共二千四十一頃九十

九畝五分六釐該秋糧米九千九百七十五石一斗三升一合一勺七抄五撮低窪者決堤全渰無徵計八分三釐該田一千六百九十四頃八十五畝六分三釐四毫八絲糧米八千二百七十九石三斗五升八合八勺七抄五撮二圭五粒高阜者漫隄泛浸薄汳計一分七釐該田三百四十七頃一十三畝九分二釐五毫一絲糧米一千六百九十五石七斗七升二合二勺九抄九撮七圭五粟又勘得渰死老幼男女王恕等九十六丁口漂流栽永洪等草房屋三百零五間急遽鋪屋舍七

間生員號房屋五間射圃亭三間六房吏舍屋一十七
間取具通縣里老甘結在卷造報司隨奉本布政司糧
儲道會徵派収本年秋糧劉付到縣遵照詔旨减免五
分外本縣該徵兊軍米一千七百七十九石八、　查
得踏遍薄収田內止有米一千六百九十五石七斗七
升二合二勺九抄九撮六圭於兊軍米數尚不敷八十
三石五斗有零其京庫折銀米三百石南京倉米一千
二百五十石襄陽倉米二千一百六十三石一斗本縣
倉米五十一石二斗本李倉米五十七石二斗四升五

合八抄七撮五圭俱各無徵臣竊伏思之秋水為災怍於春夏蓋肅殺之氣已嚴發生之意不敷水落之後無可種藝止種二麥熟在來年四月本縣庫藏既空倉儲又竭無可賑濟秋冬及春存活尚難前項京庫折銀南京襄陽本縣本學等倉米何從辦納況本縣自正德十一十二十三連年遭水前該縣官未曾與民六夫陸是錢糧併累小民逃移者至今未歸田土荒蕪者至今未闢今此非常重災陛下若不寬宥之則催徵之令一出荒殘之民舉逃非惟臣不能為陛下催科臣亦無所於

催科也事至於此則縣雖設而無其民虛名而已於國家何益糧雖徵而無其實虛文而已於國計何補臣又查得災傷事例秋災不得過九月終蓋以過九月則會計已定難復蠲免但本縣水災八月初五日方遭九月方得委官踏勘又且程途遥遠奏報不及難以常例拘之伏望陛下憫憐民瘼一不以常例為拘二不以免五為惠特賜恩恤將前項京庫折銀南京襄陽本縣本學等米盡數蠲免暨救荒残仍乞勅撫巡等衙門設法賑濟潛民庶幾得生臣非敢負國欺天干譽百姓寔不忍

此遺黎重又迯移瘠死而為陛下以培植夫元氣也伏
望俯察臣愚下勝幸甚

附户部咨畧

看得知縣敖鉞所奏懇切為民詞非虛飾固應准理但
賑濟蠲免事宜節經有行再難別議合咨前去煩行布
政司轉行該道守巡官員照本部節次題奉欽依內事
理先將渰死男婦之家加意賑恤或多發賑濟銀兩分
別極貧人户等則給散或將京庫折銀南京襄陽糧米
俱改派災輕州縣代納以候年豐派補守巡官員務在

着實舉行使蟄溺窮民均沾實惠以稱朝廷軫念災傷地方至意事完由咨報

水災題蠲錢糧疏

潛江知縣周延

奏為水災事臣待罪茲邑因見連年災傷極力撫恤詎意四月內陰雨連旬河水暴漲將各該圩垸盡行衝倒水退之後臣亟行檢踏照得潛江地勢有如鍋形一決其口不能復出必俟其自乾而後已今已月餘水退未盡其間地勢高者淤泥盈尺苗失其顛低者蓄水成湖殆不有其根矣百里之內顆粒無收該年秋糧將何所

出又況連年水災雖不得苗尚已收麥今年之水至自四月苗既不有麥且無成較之往歲災加數倍今雖欲復種既失其時又乏其資濟民之命不過寄生於柳皮茭葉之末而已臣亦何所容其力哉臣又照得水自夜至倉卒無備有升屋逃命連屋漂去而死者有住居牆野無舟救渡而死者有舟小人多載至水中而死者啼哭之聲入耳寒心困苦之狀觸目奪魄事至於此民不但逃而已也逃必至於盡而後已不但死而已也死必至於盡而後已臣不忍萬世太平之民至於逃移死亡

之盡遂竭力撫恤以培植國本然臣但能撫之亦不能以無版之田而為有徵之糧且又各年拖欠派辦一時併徵其何以聊生哉伏望陛下察臣言之不妄憫民困之甚深勅行戶工等部將本縣該年秋糧毋拘兌運盡行蠲免其各年未徵未完額辦歲辦等料暫且停徵仍乞發內帑銀數萬兩前來賑濟庶幾垂斃之民尚有更生之望

該戶部覆題准免秋糧十分之七歲辦等料依擬停止

議開復穴口疏

湖廣巡撫趙賢

題為開復穴口故道以殺水勢以保隄防事該本院親詣被災州縣問民疾苦據景陵縣民鄭伸等稟稱該府所屬舊有小河口丁家河泗港口張接港黑流渡漁泛洚沙口潭子口等處流入各湖往時二三十年不聞一決堤塍後自嘉靖年間富豪侵占湖地私畜已利陸續築塞止存一二口不能殺水以致三十九年迄今堤塍無歲不決等情據此為照沿江兩岸舊有前項穴口以殺水勢故堤塍可保地方無虞乃近歲築塞以來堤塍

愈高水勢愈大衝决之患無歲無之則下流不通故也
夫加築舊堤則徒勞而無補訪求新口又累議而未定
然則為今日計孰若查開舊口盡復其本有者之為易
哉且各口築塞未久故道猶存稍加開濬即 通況
耆民輩生長河畔年老知囙其言鑿鑿有據而有司者
止是疏通舊口用力當亦不多智巧者既無詞以推避
勢豪者亦何計以阻撓揆之人情事體似為妥當續據
該道委官德安知府馬文煒承天府同知謝汝韶通判
屠炳言及該縣掌印官親詣各口查勘得丁家河張接

港黑流渡漁泛洚沙口潭子口等陸處淤塞已久難以開空泗港口見今深窪水漲即能疏通不甚費力止有謝家灣決口應晋小河口應濬合動銀穀分委官員管理各緣由呈詳奉批覆勘間續奉案驗除小河口照依原議外看得謝家灣倒口中間高低寛狹不一未甚疏通尚當挑濬及兩岸支堤俱未委官督理誠恐漫無責成未免視為故事其泗港口原係舊道見今水通其間即有淤塞用工當亦不多而兩岸支堤年久損壞亙宜趂時修補豈容姑待來年及照丁家河張接港黑流渡

等處俱係殺水故道既在淤塞盡當開挖今乃或謂不
通别流或謂已為田廬明屬阻抗難以准信但該道府
禀稱地方災傷人力不敷姑候各工完日另議外仰道
會行該府選委的當官員即將謝家灣泗港口各應濬
去處并應築支堤再加估勘各要見應挖若干濶若
干幫築支堤高厚若干見有里夫若干不敷錢糧若干
作何區處一面擇日興工一面具由呈詳以憑具題等
因奉此又經行據承天府申稱准本府通判黃應麟牒
稱遵依親詣泗港倒口踏勘得本港見係一河止有河

口原日築塞近已衝開尚餘一半未甚疏通必須開挖濶大斜迎江水以為吞納之地而腹内量加疏濬廣不壅塞水自大通丈量得河口應濶四十弓其内止照舊河廣濶自河邊起至居民秦瑞屋後止計斜長三十九弓又自秦瑞屋後起至衝決橫堤止長一百八十弓俱應稍濬自橫堤量起長二十六弓中心有六七尺深不必施工又自央至楊湖剅口計長七百六十五弓其中地形頗高見今水已乾涸應挑濬以通其流自剅口起至居民立廷蘭屋後止俱要有水直至景陵出口並無

阻塞其鄰港支堤東岸趙林垸至傅家垸中洲垸止該加幫堤垸共計五千八百四十五弓又西岸楊湖垸起至三汊口止亦該加幫堤垸共長二千六百三十五弓又郭家嘴起至諸通口止計長一萬三千弓內應築倒口三十八處共長一千五百弓又據潛江縣申稱知縣李之珍帶同驛丞鄒子賢親詣丈勘得謝家灣西岸支堤東自謝家灣至崔家垸唐林湖口止共計倒口一十九處通共五百六十丈內黄獐垸倒口二處共五十三丈地勢低窪應築高一丈五尺脚寬六丈結面二丈五

尺地名石到煙墩倒口二處鄭埠垸倒口一十三處馬昌垸崔家垸倒口二處共五百零七丈地勢畧高俱築高一丈二尺脚寛五丈結面一丈衝塌低矮舊堤四千四百七十丈高低不等内沱埠垸沿江低矮舊堤四百一十二丈五尺應築脚寛一丈二尺結面六尺馬昌垸舊堤五百七十丈應加築脚寛三丈高五尺結面一丈其餘石到煙墩馬市潭等垸支堤共三千四百八十餘丈舊堤低薄不等俱量地形增幇各以高至一丈二尺脚寛至一丈五尺結面一丈為度又該承天府知府趙

濬竣議得泗港舊跡橫廣約有五丈今止就中修濬不必加闊惟兩岸支堤仍各去河二三丈謝家灣口係新决河道廣狹尚無定形今當疏濬之處亦合照泗港以五丈為率其二口溪淺難以懸測止照深處通流而止合用錢糧若干數目俱以明白合無一面行委照磨劉繼先專管泗港荊門州同知陳廷華專管謝家灣仍委通判黃應麟董理潛江縣知縣李之珍時常親詣工所稽查夫役其二處不敷銀三千六百六十四兩一錢請乞早賜處給等因到臣俱經備行布政司查處前項銀

兩隨據該司回呈查得庫貯別無堪動錢糧止有德安倉糧銀八百八十兩一錢九分八釐藏存祿米銀一千六百七十七兩各王府備用祿米銀六百五十六兩七錢六分九釐并未完萬曆元年分原派楚府廣阜倉祿銀五千三百三十一兩五錢俱係作正支銷之數堪以動支據此卷查先准工部咨為廣德意陳民隱稽實效以建永利事該兵科給事中劉鉉題條陳内一款勸疏濬該本部議行湖廣撫按嚴督各該道府州縣掌印等官即將承天荊岳襄陽等府所屬九穴十三口并泗港

潭子口等處逐一召集耆老查勘要見其處原係洩水
處所廣開溝渠或被豪家填築責令退出務要照舊疏
通及查有支渠之應濬塘堰之當開如本官疏內所陳
者一一着實舉行庶下流無阻而隄塍得固等因覆奉
欽依備咨前來已經通行查勘及出示咨訪未報續該
臣巡歷各該府屬親詣沿江一帶閱視二次節經案行
勘議去後今據前因該臣會同巡按湖廣監察御史李
栻議照湖省素稱澤國荆承尤屬下流自川陜而來水
勢最急每遇泛漲洶湧特甚雖有隄塍勢難保固而往

年所恃以為消導之區者實惟前項穴口耳且分洩下流在理本為至順而開復故道於事亦不甚勞今據荆西道議開泗港其留謝家二口以殺漢水約計工費除起夫外尚少銀三千六百六十四兩估勘明妥業已興工但地方頻年災困兼以各處修提前項不敷銀兩委難措辦既布政司查有前銀堪動似應允從如蒙勅下該部再加查議准將前項穴口容臣等行令布政司將庫貯前銀并催完祿銀分發各該道府督率委官雇募人夫上緊修濬不敷之數仍容臣等另處其各附近穴

口之家敢有阻撓者聽該道府從重究治完日細查加覈各承委府佐等官督理如法克効勤勞者特加獎勵或怠玩悞事及冒破錢糧者據法懲戒庶水勢得以疏通而堤防可免衝洪誠一勞永逸之畫地方千百世之計也云云

感觸時事敬陳愚忠疏

兵科給事　劉道隆　邑人

奏為感觸時事敬陳愚忠以俟採納事臣惟人臣委身事主幸逢衮職無缺朝政無瑕即循默可以守位何俟嘵嘵多言哉苟事關理亂得失雖以堯舜之主而見偶有獨偏意偶有獨重深拒固閉日甚一日譬如日月之蝕若不重還朗照則天下晦冥攪擾將成何等世界今天下事大率類此臣犬馬之私不能終默謹志愚昧冒死陳言伏惟皇上加之意焉一曰用舍大偏臣聞願治

之主未有不親賢臣亦未有群小為政而天下不致破
壞者今朝臣自股肱耳目以及九卿百司一推一轉皇
上不勝鄭重即諸行取而待命闕下者夫非磨之百鍊
之餘而揀之儔伍之內者耶選授之請一槩停閣而市
井無賴之輩刑餘糞掃之人請官則官請勅則勅不吝
假之事權使啣命紛馳以肆其假虎之毒臣竊有所未
解也皇上何疾於正士而何愛於羣小而意所向皆若
此也乞思祖宗二百年來培養人材之意與賢人君子
維持世道之功而稍存涇渭於胷中毋以喜怒為用舍

倒施而逆行之也二曰紀綱大僭臣聞紀綱人主御世之大權而天下之體統即朝廷之紀綱故君一身耳而四海九州靡不戢志聽命者則以各地方撫按官為之彈壓耳撫臣任一方之保障按臣司一方之激揚制人而不制于人簾遠堂高所以尊朝廷也今各省以一中使統數百人橫索境內此不戈矛而盜者也皆曰欽遣為撫按者調停之不可禁衛之不能不告之皇上而誰告耶乃明旨槩置不理而中使有奏隨到輒行所云則所逮云則逮甚至楊榮高淮陳奉直系一撫臣兩按臣

旁若無人可謂復有紀綱乎輕朝廷而辱天下士無過此者乞恩地方有事緩急尚賴撫按之力而重其彈壓之權毋抑此伸彼使一方重臣反見奪于羣小而不得有所專制以致淩遲之漸也三曰奏擾大煩臣聞明主尊居萬乘章奏之批發所關天下利害不小即臣庶建白必下之部覆甚者參之廷議蓋妨小人以臆言事而流毒天下也近來各處棍徒犯事原籍輒亡命而走輦下動稱興利以惑主聽夫匹夫而熒惑諸侯罪應死况入子乎自此輦轂攘臂言事海內日不聊生今搉採無遺

地矣又復冀及間架編户箕斂家與為怨近聞又有欲
上税丁口者矣欲上鬻生員者矣言之可恨亦復可笑
知皇上斷不為其所惑第令窺伺闕下亦甚非體且祖
制外奏必由通政司今俱自會極門直上儌而報可儌
而乘傳以出視九重尊邃為何如者而輕易若此皇上
若不嚴加禁遏將來人人効尤而其説日長貽禍海内
日甚一日矣四曰進奉大褻臣聞人主好尚不可使人
窺測今中使奉差每到地方必大索一翻土物皆指稱
進御不顧體而遂令遠近流傳謂皇上真有責備貢獻

之意此輩利其實皇上當其名即如虎兔鸚鵡等物有何堪玩華鞭羽帚之類御前安所用之搜括閭閻籠傳道路驚視駭聽大累聖德臣竊謂明主不貴異物珍禽奇獸不畜于國此等褻玩之物詎可聽其指稱科削而騷動小民也皇上若不嚴加屏却懲一而警其百將來供奉日益而海內日不堪命矣以上四事皆時政所當急爲更張者伏望皇上留神省覽且天下大勢譬則一身腹雖甚饑當思所以致飽之由若割四肢以啗其腹腹飽而身未有不斃者矣又譬則一家耕當責奴織當

責婢即不足自有主者若急欲致餽而委用非類是與知者謀之而與不知者亂之家未有不素者矣身且斃家且索而猶貪一飽一餽之娛以自幸也不亦可為慟息之甚乎皇上儻不以臣言為迂稍賜採納自有為陛下足國裕民以隆萬世治平之業者何至仰煩聖慮使小人乘隙而兢刁稚以失四海仰望之心哉臣干冒聖聽不勝恐懼待命之至

留中

拯援水災疏

興化知縣歐陽東鳳邑人

奏為不忍見聖明之世有極痛極苦之民冐罪上聞乞
息極援事臣惟君之有民猶父之有子相依為命猶元
首之有四肢相待而存故一指痛則元首岑嵾其若斃
一子病則父母遑遑而靡寧況痛而多於一指病而瀕
於危亡則其委斃倉皇之狀又不知當何如矣與化一
邑僻在海隅視萬重之天閽誠邈然其不相及而以當
於一指一子之義諒亦皇上之所甚隱也頃者大水困
城閭閻搔然十九懼死賴皇上從諸臣之請霈然下蠲
賑之詔視他處有加德澤誠渥然蠲積逋矣而新租未

除寛存晋矣而起運如故臣亦知秋災見在勘議皇上非常之恩或有所待顧小民身處湯火以日爲歲望皇上拯援如望上天之膏澤日復一日恨不旦暮遇之此何等情狀而尚可以揖讓雍容處之也臣又知江北州邑被水者衆何獨喋喋以自干斧鉞顧他邑或有豐年而興化則永爲歉歲他邑猶存高原而興化則盡爲滂池他邑僅淹阡陌而興化則殃及廬舍他邑之水旬日可消而興化則滙爲巨浸即今受水已三月所矣遍觀鄉村週遭二百餘里竟成湖海而横目之民悉爲魚鱉

即有僅存孑遺或移居城頭或借棲佛舍或結葑水面而叫號波濤之中或繫舟樹杪而薰蒸風日之下欲刈草而無草可刈欲罟魚而無魚可罟欲賣兒而誰買其兒欲鬻田而誰受其田有屋者拆屋賣其薪有牛者殺牛賣其骨醫瘡剜肉苟延旦夕今日如此明月何以為策今月如此來月何以為生婦子相泣莫必其命此何等光景而尚可以他邑例之也臣即不肖奉皇上德意院道明文非不孜孜矻矻救死扶傷然平糶而所糶者幾何勸借而所借者幾何發稻而所發者幾何賑粥而

所賑者幾何瘡痍何時可起流亡何時可復沮洳何時可遠耕藝何時可興蚤夜思維黔驢之技已竭而凋瘵無補臣愚以為當此之時惟有官民相安無事則見在遺黎或可須臾勿致流徙若復追併錢糧則輸納後期不足為異逃亡接踵不足為憂臣所大恐者綠林赤眉黃巾黑山之徒自何而有皆此頻遭饑饉復疲稅斂窮困無聊之衆耳萬一東嘯西聚目滋月蔓乃始勞心安集不亦難哉雖聖明在上萬萬無此然亦不可不慮也

臣十九年至二十一年止拖欠漕折鳳陽軍餉馬草四

司等銀凡一萬伍千餘兩以豐年所不能供之全稅而取盈於大侵之凶歲臣知其必不能也即今漕糧三萬二千捌百石有奇無論本色亦無論改折七錢即以五錢計之便當折銀一萬六千兩餘以大州大邑所不能當之重賦而誅求於彈丸之窮邑臣又知其必不能也昔堯舜之世洪水已平而兗賦猶寬以十有三載文景之朝方內殷富而屢詔除田租之半我皇上仁聖當御節愛為心高欲慕堯舜之隆下不屑文景之盛而今天下之有一興化即唐虞之時之有一兗也臣愚以為軍

餉馬草四司鳳陽等銀無論舊逋新租存留起運凡未完者似當盡行蠲免其漕折銀兩雖不可盡蠲亦當寬假三五年之後俟瘡痍已起或值豐收始量力帶徵不然則有隆慶二三年抵借事例可援是在司國計者一查議之耳或謂蠲停過優恐他州邑援例以請不知乾坤之間四海之内水患連仍如興化者寧有幾處而孰敢妄意援請也且興化非獨苦水也又苦糧重夫揚州一府爲州縣者十而興化特居其一是疆域之大小不侔也一府凡七百餘里而興化僅六十二里是户口之

殷耗不侔也一府共田一十三萬三千三百餘頃而興化僅二萬餘頃是田地之多寡不侔也九州縣俱處上游而興化獨居釜底是等則之上下不侔也使則壤而賦則民猶可支乃概府陞科每頃不過六斗而興化獨至二石二斗槩府額糧不過二十萬六千石有零而興化則五萬二千石而餘概府漕米不過九萬七千石有零而興化則三萬二千石而餘是總論額稅則居一府四之一專論漕糧則居一府三之一矣巨屨與小屨同價麻縷與絲絮共論然且不可今反倒行而倍取之欲民

勿困得乎先是今督撫李尹興化時目擊民艱具奏均攤併請抵換不意草於成法竟爾寢閣斯民陽九百六之運抑何厄也臣今就中酌量議均攤則開紛擾之門議抵換則滋聚訟之端不得已而求黄藥止啼之一術則惟有歸復協濟而已蓋興化僻處一隅雖免迎送夫馬之苦然而錢糧偏重則其苦已十倍於江儀高寶等處不趨相當而已乃復派協濟各驛館支水夫等銀一千四百有餘兩是本縣無衝要之名而有衝要之實然則本縣偏重之糧其誰協濟之臣愚以為協濟各驛銀兩

宜盡免泒協濟江儀者即泒於江儀協濟高寶者即泒于高寶以各州縣應徵之銀還之各州縣此不過與各州縣求其平非欲與化獨享其逸於理甚順於情甚安固今日所當急議者也至於宣洩水患則石碰口為趋海之門近雖議開而旁邑不無復阻之討芒稲河為入江之路亦有成議而當事難為無米之炊闔邑士民引領茲舉有如饑渴何可不速為議處而使斯民紛紛嗷嗷竟無虛日急急遑遑終無生理此臣所為痛心疾首欲默不能者也夫臣職有司也越分妄言自知無所逃

刑顧撫按任一方之寄爲一方請命於皇上臣受一邑之寄爲一邑請命於皇上位有高下忠無兩心伏乞皇上俯念垂亡赤子勅下該部破格勘議仍乞正臣位卑言事之罪即加誅戮如一螻蟻無足顧惜若棄忽臣言而不一省憂則存民之命也臣又何亡而民又將誰望耶臣冒干天威不勝望闕叩禱戰慄悚惶之至

疏上以越奏非體奪俸二月然卒從所請自十九年至二十一年未完錢糧盡行蠲停浮糧二萬石永折伍錢

經理川湖事宜疏

山東道御史　劉　寅　邑人

奏爲恭陳經理川湖事宜以安民生以隆聖治事臣待罪下邑伍載每接邸報仰見皇上愛民如子從諫轉圜凡諸臣請蠲則蠲請賑則賑以故海内百姓鼓舞更生莫不叩首加額祝頌萬壽無疆矣惟川湖兩省一則屢年用兵一則屢年水患軍民未有盡得所者臣產於楚官於蜀耳目所聞見最親且切有不容緘默焉敢爲皇上陳之夫西蜀去京師萬里峻嶺高山夷漢雜居土番種類非一而大爲害者松潘建昌貳夷建昌乃雲貴咽

喉有城池學校軍衛商民湊集於此由省而至建昌將僅千里道經大渡河相公嶺九折坂二十四盤等處勢難登天險蹈虎尾惡番盤踞於內十餘年來出搶殺戮慘不忍言荷蒙皇上遠念邊鄙特遣撫臣漸次剿除向以全軍已進建昌而止止二將守把馬湖隘口為賊乃請和自喪厥躬即死有餘辜矣今幸仰仗天威直擣巢穴悉番蕩平百姓懽呼載道可以紓皇上西顧之憂彼撫臣職任閫外之寄雖臥薪嘗膽成此勳業亦人臣分所宜然但念蜀民方以採木米已而餉旅繼之將士踴

巉險阻出萬死一生斬首數千按臣精明勘驗甚確而又与監軍紀功二道在焉未敢有欺罔者其百姓造作火藥器械擔運糧草魚鹽隨大軍以往更相為命而辛苦艱危視兵卒無異夫撫臣無論其籌畧但即其久任邊疆不可謂非勞將士無論其斬獲但即其深入賊巢不可謂非勇百姓無論其轉輸但即其採木征伐不可謂非苦況剿滅大寇邊境寧謐論其功過民心自有公道朝廷當有激勸也不有厚賚何以將士之死力不有蠲賑何以慰百姓之久困乎夫松潘已安於盤石矣建

昌因有瀘水之瘴前兵道多住雅州遥制之以故建昌扇乱臟乃乃卭部所轄反為強敵也彼武侯五月渡瀘未聞染瘴而建昌貨財所聚素稱樂土該道何憚而不住劄於此今惡毒已擒乃政令一新之始其欲調度軍將修葺城堡經畫兵食臺臣言之甚悉無容再贅事在撫臣酌量善後機宜以垂永遠之計臣獨謂兵道居於建昌自後可以訓練軍士控制蠻夷安撫百姓尤為得其要領逸而有成乃今日之急務也夫楚地乃江漢合流之區夏秋霪雨二水一旦驟發其泛濫衝決為患猶

在此之河民遭陷溺春間饑殍未可數計今年之水較昔尤甚所以然者蓋由支流淤塞兩岸堤築未堅以故洪濤併至急難通洩輒壞田廬民為魚鼈久矣而府州縣水利之官坐視而不為之救柰之何民不窮且盜哉夫禦水者在堤之高厚修築者在官之賢能今之敝實地方皆藉口築堤矣然春冬間民方饑饑不能出門户而責之興工是利未興而害已先之有官給銀穀者多為豪猾與吏胥所侵尅未受實惠小民畏法勉強擔沙成堤以圖高大可觀水至則決裂四出而不可禦是徒

冒費官錢空為苦民矣合當責令水利官親为督理惟藉民之力不費民之財給以倉穀築極高厚如有衝決重加叅治可也況楚地廣闊大半蘆葦之塲東決西淤原無定在而決者淤者莫非民田歲有正賦但被權勢見淤者則起貪心与夫湖池市口皆強冒為已物莫敢誰何賦稅將何從出辦乎而民田与府田多犬牙相雜小民俛首任其侵越棍徒投獻圖行已私一為府之佃民則有司不敢問隨其暴虐鄉閭邀無忌憚而旗校威如狼虎横行州縣騷擾百姓有司側目以視之耳撫按

號令可行當委廉能正官逐一查勘何者為府田則屬之於府何者為民田則屬之於民正疆界立之碑石使無混亂有包占者責令退還原在民者他不得以妄求其佃民亦聽有司節制其田租則官為代收依時起解勿令此輩出押必害乃百姓莫大之福也臣冒昧無知謹以川湖事宜上瀆天聽倘蒙聖旨采擇施行未必於今日之治道無萬一之補軍民幸甚臣不勝激切仰望勤惓之至

餘從儉孚疏　　劉寅

奏爲目擊時艱懇乞聖明飭從儉厚以弘治化事竊惟民俗之奢儉關天下之安危士風之厚薄係治道之污隆自昔聖帝明王獨觀萬化之原當乎淳樸之未散則崇渾厚以養和平之福及其雕琢之已盡則明敎化以挽風會之流此國家久安長治有由然也邇來四方旱災民之窮矣荷蒙皇上大賜蠲賑無非欲百姓得所而已然民貧固由於旱魃之爲災而實則奢靡之所致臣竊見今之時不免於繁縟之大盛以飲食則窮水陸以服飾則皆羅綺以器用則尚奇巧以名分則多僭越玩

遊山水則舉國如狂酣歌麴蘖則醉人如市富商大賈廣交結以漁獵小民驕客遊士操方術以惑亂衆聽是俗之澆壞已非一日矣此而不為之限制則流連忘返百姓不愈窮即臣竊謂上有好者下必有甚焉者也凡有治民之責者當身為之先敦實政而勿竊虛譽尚愊而勿好浮華黜靡費而一於簡約去煩苛而專於寧靜如此以為下民之表而於修維者有禁踰制者有禁遊蕩者有禁怪異者有禁禮節秩然示之以可守法紀森嚴令人莫敢犯如此庶可以挽奢侈之習而還之敦

罷擧瘠薄之民而登之富庶也々天下郁然文盛治之極矣恭遇皇上明良喜起固可相安於無事而已然所稱賢人君子之流自宜華與實之並茂臣竊見今之時不免於虛文之徒陰急功利而輕道義喜奔競而厭恬退佞耳目而枉是非任私意而昧公道造為浮言以傾陷善類結為黨附以離間忠直惟欲沽己之名而出位罔顧惟思發人之隱而真偽莫辨是人情偷薄漸不可長矣此而不為之戒勉則志向卑污士風不愈下耶臣竊謂生々之世不可不復古之道也凡有世教之責者

當心存於厚律已則溫恭清介與人則寬恕和平好惡則大同無我攀勤則慎重光明如此以爲居身之珍而必不涉於淺露不失於狂躁不陷於奸險不升於諂諛定國是而異議爲之潛消全大体而讒忌爲之盡泯如此庶可以袪鄙薄之陋而不囿於流俗務實勝之善而上追於太古也夫民俗成於下而轉移化導惟上有以操其权士風倡於上而觀感興起惟下有以從其令此爲久安長治之道可不加之意乎蓋既已發帑藏矣此而復示之以優尤爲不費之惠既已有道揆矣此而復

敎之以厚尤爲數言之化是所裨於治理匪淺尠矣臣待罪風紀之末常抱杞人之憂故敢冒昧上瀆天聽如果臣言不謬伏乞勅下嚴爲禁約再加申飭起敝以維風更化以善治使道德以一風俗以同則於今日雍熙之盛未必無萬一之補也

爲父請卹典疏　　隨州訓導　柴一真　邑人

奏爲皇恩誕被朝政聿新比例陳情懇祈贈恤以廣聖慈以隆聖孝事職父恪貫係湖廣承天府潛江縣人由萬曆十七年進士授直隸常州府無錫縣知縣歷薦二

十八次吵壁兵部職方司主事邑人至今尸祝之職不敢贅述以聒天聽惟是六載清苦博一郎署到任甫七日會廷議東封仰觸神廟震怒淩連禮兵部科官被斥者十有一人職父與焉欽降陝西延安府延川縣添註典史彼時職父新進下寮初議雖不與聞既事何敢獨辨兢兢守官竟成罪去在被譴諸臣皆情有可矜而職父視諸臣尤為無辜自後官秦安以還謫畢秩五列薦章官楚者以地方遺賢屢揚奏牘言路每請起廢亦數齒及姓名而環賜有待河清無期賚志以殁僅崇鄉祀

此職終天隱痛寢食於懷者也去年以明經教職守選都門忽遇神祖賓天伏讀遺詔一欵又皇上登極恩詔二次皆惓惓軫念廢棄礦稅詿誤諸臣竊思職父之廢棄也雖非以建言而廢棄之情可原職父之詿誤也雖非以礦稅而詿誤之實宜察七日樞曹一朝並逐例覺相符恩宜槩叙當即具揭投部以俟採擇嗣受職出都門而原任吏科右給事中降典史尋爲民王佐以尚寶丞推今歷陞太常少卿矣迨抵隨數月而原任禮部儀制司主事爲民王宗蓁以原部推隨轉尚寶少卿矣

原任兵部職方司主事降山西和順縣添註典史郝名宦以南部推隨轉光祿少卿矣以止三臣皆與職父同事蒙降者職每披仕籍且痛且愧痛先臣之不祿奄奄九泉不及與同事諸臣聯班輦轂奏効桑榆以報吾神祖四十八年作養之恩愧卑職之不肖碌碌一氊不强如在廷小臣依光日月徼榮雨露以發皇先臣二十六年約結之苦中夜反覆不知涕之何從也嗣從邸報見臺省疏催起廢有分別存歿之議奉旨下部職乃痛極而思之君恩之曠蕩枯朽不遺愧極而喜喜之文志之泚

綸闡揚有路，然猶未敢造次陳乞也。無何而原任刑部山西司主事降廣東潮陽縣添註典史已故孫如法蒙贈光祿少卿，蔭子入監矣；原任禮科給事中為民已故孫羽侯蒙贈光祿少卿矣。如前所引三臣，則職父註誤同事，廢棄同日，存歿原無差等；如後所引二臣，則職父郎署同品，遷謫同官，自歿又恰無異。雖如法之贈蔭乃破格異數，職 讀父書，何敢以生者干澤而佐等之優叙？羽侯之贈卹正同一体，職 亦人子也，躬逢盛會，千載一時，恐不為死者請命乎？緣匏繫一官，不敢擅離，謹齋沐

具疏遣弟生員柴一佐代訴倘蒙憐恤下部議覆果予例合復職晋階獲沾半通之給以貢一杯之土寧惟先臣踴躍地下追侍二帝之靈在卑職啣結此生有世祝萬年之祚而已微臣冒瀆天恩曷勝皇悚待命之至

記

新修城門記

湛若水

嘉靖十九年皇帝詔可撫臣之議以潛江隸承天府承天陵寢重地其以承德二府六分巡道於沔陽以爲捍衞時青陽柯雙華君喬由御史來爲憲僉寔膺是任出按於潛環視形勝喟然而嘆顧謂潛君袁子學準曰斯地寔逼於江而通於荆以爲捍衞可以無城郭乎曰不可曰城可以無門乎曰不可重門擊柝以禦暴客盖著諸易無城是無人民也無門是無城矣無城無門曷禦焉有閩斯有城矣城門所以成城池也於是作四城門雙華君素定區畫計丈尺揣高低議財用措餼糧不傷

公帑不勞民財於是四門先後告成民若不知有興作
官若不知有鞭撻念三年六月朔延工居子曰使公治
天下以事治事行乎無事而天下治亦如此矣於是榛
棘連雲丹青麗日縣治百餘年來公有依附民有寧宇
衆皆懽喜昔者形勝斯何今者形勝斯何其東曰漢濱
之門漢水支流經縣東而入沔也西曰郢郊之門承天
爲郢縣西護之言郢之郊也南曰迎薰之門以祈阜財
解慍以爲民悅也北曰望洋之門排沙河北環如帶蒙
泉道岍允以作士也雙華子曰門成即城成可以責成

豐年矣君子曰此門猶形勢之在外者耳聖人之政治亦有四門焉聞之乎曰請聞焉書曰闢四門夫四門闢然後可以去耳目之壅蔽壅蔽不除則聰明不廣張乎何之雖有形勝不能自治聞者喜曰然吾言城門得政事之門敬聞命矣曰此猶四門之事者耳惟心亦有四門焉聞之乎曰請聞焉曰惻隱之心之端仁之門也羞惡之心之端義之門也是故四端不擴則四德不達四塞如圍雖欲發政施仁無本不生聞者喜曰吾聞政事之門又得心術之門敬聞命矣其泉予曰形勢不如政

事政事不如心術在乎學聞大道夫雙華予者志聖人之道遊於陽明井泉之門聞天理良知之學者也潛尹黃子政暇之所講聞必將以宇宙為家以天地為城郭以四方為門户當不疑於吾之言矣因為記以歸之書諸石告東西南北之人云

恩江河記

祭酒 魯鐸 景陵

潛之為縣以水名地本下是故水易為災也夫漢水至蘆洑支出為潛自排沙流經縣之北西向南折以達荊通沔天順間北流淤塡乃決高家腦流經治東孝廟時

受决處又漸淤為洲可田以畀興國正德中洲益廣水益擠而東而西齧縣治危若亡唇矣前政一諉諸無所為力民病焉嘉靖改元之八月敖侯知潛甫三日漢水大至四境艤舟縣衙艱災市人騎屋以居公私廨宇盡壞向齧處侵善崩侯禱之尋已遂發庾賑民憑高望淤洲激水曰此不河之乃使河我縣治魚鱉我民乎父老曰洲屬官家奈何侯曰吾為若請之乃上疏其畧曰捐官莊一洲租以永除一縣之患惟聖朝當之時又有疏乞以重輕帶辦蕪荒通貢及蠲本歲災租遵民情甚哀

上悉可之下藩憲臣議行於是逋人歸者相望於塗聞開河之役事持畚鍤而至候復從父老源委水道得為淤為齧之繇乃傍洲剗黄漢之碍為河七百丈直亘排沙因土為堤趣之肇工於明年二月十四日以四月四日訖工水乃帖然安流近治無復崩齧百壞修治復厥舊民用生生乃相與歌曰轉危為安兮敷公有江公如可借兮我終無殃盖欲以敷名江也侯聞而諭之曰恩若屬自朝廷宜名恩江以志不忘吾于是乎何與未幾以外艱去潛人莫能留復相與介其里居洎諸士夫庠

之師若弟子於予請記天儒之爲貴其學有用也學誠有用則獲上治民大至裁輔賛衆胥此在也否則雖多亦奚以爲今敎公之救敝興理其數奏中務當宁務從獲上也窮廹歸甦七逋親附得民也水從其道邑固人恬裁輔賛衆之功也非天有用之學能至是哉余嘗謂治理莫先乎擇守令而重之今天下郡邑敝瘵豈獨潛哉使盡得如侯者分布焉豈以不卽大治爲憂然吾聞之始侯之來白巖大宰實擇使乳保潛人則愚意白巖盖先得之但復周且重焉斯至矣侯名鉞字秉之高安

人其學以詩領鄉薦都績溪嘗典文傾天擢宿松令所至名在薦剡在潛之政惟民是務安不知其他潛人均之爲其民也或呼父母稱神明悉有悛心辟無抑志去之日皆攀卧涕漣不能已遠慕之而詢諸其境者則無異聞君子曰安在右所爲循良吏其由守令擬臺省者皆此類也當有爲立傳者能詳之

潛江縣重修儒學記

祭酒　鄒守益　安福

昔在洙泗之上祖述憲章上律下襲其敦化川流直與千聖同堂而兩儀並位然攀趾發軔寔自志學始志學

者志不踰矩之學也所求乎子天然之矩也能以事父則不踰矣所求乎臣天然之矩也能以事君則不踰矣故庸德必信庸言必謹一毫不敢放過至於相顧而慥慥則禮儀三百威儀三千質鬼神俟後聖攀幽明古今而無二矩世之學者記誦詞藻偃然宗孔氏矣飾輪轅資羔雉以徼爵位甚者遺親後君偭規而改錯將孰從而新之我高皇帝之訓曰學者將聖言體而行之敦尚孝悌廉恥庶得真才而大狩之諭承天拳拳盡孝訓子撫幼敬長之間宛然洙泗模範也雲龍風虎聲協氣應

部使者至於郡邑翕然鼓舞翕然勸相類宮口口籩豆有楚咨爾多士洗濯舊習其果忘食忘憂以不踰矩為志乎其果事上使下從前先後絜斯矩以御家邦乎古今真妄毫釐千里正辨志第一義也爾雅有言漢出為潛嶓冢微涓瀦龍淵會峽石通罡山沛然以朝宗于海其闇然而日章乎潢潦暴注奔放四出幾若雲亭不旋踵而涸繼之是為的然日亡而已矣繼自今師嚴其訓五屬其業官稽其課俛然請事忠信之學不失義不離道俾稽休運者曰邦舊命新壽考作人式與周室比隆

於新宮永永有光幸慎無負

重修縣署記

都御史張師載 邑人

國朝自公卿以下至抱關委吏凡受一命之職者莫不有居處以為聽治之所若因時修葺則存乎其人焉彼黷貨者假公以濟其私無足論已矯情之士欲收安靜之功以無所興作為賢或所居不能蔽風雨甚至蓆覆本支猶泄泄然安之不以為意吁亦過矣吾潛初設於豆子湖至正癸巳徙置今治諸凡草率國初知縣史純一始事剏造未備也成化十七年濟陽胡璘以御史改

謂乃成史公之志備其所未備弘治十二年渭南史華復增飾之於是廳堂廨宇儀門樵樓森然列具矣至嘉靖初高安敖鉞吉水周延潮陽蕭廷達先後繼治各有修葺易故更新雖有定觀而因陋就簡未底於固迄今五十餘年矣即非甍覆木支之舊而剝蝕相仍亦其勢然也隆慶三年銅梁培東梁公棟蒞任之日顧瞻周宇喟然嘆曰敝陋如此何以出政令而示下觀耶亟啚新之因沙洋夜汊二水交衝為患民不安居復嘆曰民且不能底奠自庇為朞年堤工漸舉荒者闢逃者歸政平

訟理四境晏然遂捐俸金相居之朽者易之缺者增之修儀門三間廳前增簷房三間幕廳三間庫房一間右冊房三間穿堂一間後廳五間衙正廳三間週圍俱以磚封地之卑者高之廳三尺五寸露臺一尺五寸儀門二尺穿堂五尺甬路自樵樓至儀門寬二丈儀門至露臺寬一丈高二尺左右寬損三之二高半之兩墀皆以磚砌經始于四年六月二十四日訖工于五年十月二十日向之湫隘者今爽塏矣向之傾頹者今巍峩矣向之滲漏者今翼比而鱗次矣工成梁君謂不可無記伐

石於堂徵予文于上予謂君子之居官譬人之居室門户弗戒堂奥弗飾末可謂幹蠱之子居官者若視為傳舍而漫不經心尚得為賢令乎吾潛二百年来志於修舉者僅數人其以賢稱者亦惟數公焉所謂有其舉之莫或廢之殆政理之當然也

重修李公名宦祠記（公諱崇信）

劉寅　邑人

今上御極之十有八年予奉命按淮徐諸處會有搢紳耆老及弟子員顒望見稱故令蹟求復祠祀狀予遽見而詢曰若為誰曰豊人也令為誰曰李公也祠之奈何

曰嘗有大造於豐也既祠矣復之奈何曰地易祠墟民不忍而猶思俎豆之也予聞若說而徵其邑忠并獲其遺碑讀焉始然後知李公所懷于民者厥有由哉先是嘉靖初黃河水潰豐邑治東徙至于華山之陽剛蓬藋披荊蓁而處百爾草剙城悪囷與保聚學宮粗植弗克崇釋奠宅師生逮公蒞兹土獨殫心經畫日夕圖所以修舉曠墜遂隆其堞如山之維而民賴以衽席新夫子之室而廟貌以尊文學之士與焉其他安民厚下之美不可累數事詳德政記中豐人感而歌思去之日曰猶

望李公也搆祠而世祀之不亦宜乎天不靖豐河猶爲害後公十年餘而邑又西矣饗公之所莽爲禾黍父老過之垂泣而嘆曰維茲民士夫非李公所長有成就以至于今者乎若之何不使長有祀於豐也以是群然走數百里求復其祠祀豈偶然歟未幾今令費君亦因與情而爲之請盖表賢旌善則民作忠懿輒弗揚後將奚勸廼相與擇址得隙地於黌宮之旁營治率作蒸庶子來而門而堂由堂而寢周繯以垣不日就緒奉公之主於中而奠焉豐搢紳耆老及弟子員鼓舞忻慰人人如

獲申其家祀也然尤衆謀於費君曰凡建祠第始未嘗不度而後稍漸替者往往而是李公幸廟食顧安得與我豈竝存侯再請之於是費君又聞之予予維愛棠勿剪剏公靈之所棲而不與計深久甚非所以荅人心也因蠲俸市田二十八畝設守祠者一人即田所入簿正祭品而餘以餼祠之守者夫祠而湮湮而續續而期永其傳豈以徼惠沒世而不忘所從來遠矣公名崇信楚之潛江人也德厚流光代有顯者云是學也李公之入人也深豈人之報德也厚而費君之勛成也順皆可以

記予不能以不記

同仁書院記

都御史 鄒元標 安福

督學劉達可氏吉郡人也其尊人朝列公寓潛遂居潛自滇歸惟以明道爲事捐俸闢館時集同志顔曰同仁且學且教屢有書文江之濱屬鄒子爲記鄒子蓋嘗與達可同官爽鳩氏以學相勗誼不可辭謹爲之記曰昔夫子設教多術矣有言孝者有言性者有言敬者其説不同獨言仁之旨不一而足後世儒者遂以夫子之學惟仁爲宗至宋儒輩出曰識仁曰體仁曰求仁皆兢兢

遵洙泗遺矩而不敢悖尺寸不知夫子所謂仁者欲人自得其本心耳苟得本心俾六合通萬古千聖之心皆我之心仁不必言不得其心曰識曰體曰求未免以己合彼去仁之旨愈遠達可其旨在斯乎以我之仁同于人是分所有與之不知人自有也以人之仁同于我是分人所有以與我不知我固有之也以愛之理為同仁愛人之一端也以萬物一體為同仁世借一體之說而卑論儕俗者不少也然則將何說之歸夫子曰仁者人也識仁即人人即仁則海以內海以外千百世之上千

百世之下無智愚無賢否無貴賤惡乎同惡乎不同其說嘗辨于易與書矣易之同人曰于野亨利涉大川利君子貞于野者無然畔援空洞無涯之謂也君子者正也故曰惟君子為能通天下之志至同于門于宗于郊而一曰无咎一曰吝一曰志未得則以其有域也書曰無有作好遵王之道無有作惡遵王之路無偏無黨王道蕩蕩無黨無偏王道平平無反無側王道正直非知仁者不足以語此蓋必如是而後可語同仁之旨登斯堂者門耶宗耶郊耶作好作惡耶偏耶黨耶反側耶可

惕然思矣楚故有嶽麓石鼓諸院有先賢之遺蹟在焉予將次第訪之而及同仁謹書膚見勒之碑陰以當請事

陳侯重建東嶽廟碑記

翰林編修 劉必達 景陵

須賢令者必曰神居明乎神與令之並尊也神如水在地方疏汙而茹清分膏而溥澤無之而非民利者按祭法德施于民則祀之諸載祀典莫崇乎岱岳通都大邑咸得有祠而潛之祀獨蘼然磯上蓋漢水自蘆洑而下西折入潛奔騰喧豗勢若建瓴實惟磯砥柱之磯不敢

恃則巋徼神貺以恃無恐故祠與磯相庇如屢齒為邇歲磯流震激祠址懸岸神聖露處鮫屢侵宮即潛之虞祉室廬岌岌乎將不自保士紳暨父母每過其下輒心悸神搖不忍近睇顧念時像費繁安得當事者偉然任之為潛邑造祉乎屬不佞年友陳大夫以忠身世裔筮仕入潛甫下車謁祠見頹垣斷桷陋不可儀旋集里耆詔之曰爾潛闔邑之大傭崇榔比誰為表鎮者乎迺使神棲靡莫上雨旁風萬一神怒欲徙潛又安能晏焉而已里耆謂欲葺祠請先以磯商祠安此萬世之利大夫

曰次第興舉為費奈何父老逡巡不敢應大夫曰若曹固棐任于我矣雖灾氛頻仍廩庾蕭然計臧無所出第吾為若邑長神弗歆民有司之罪也遂憮然損貲若干聽諸慕義者稍佐之度可布工援簡里胥之勤慎者董其事隨鳩匠庀材構前后殿六楹東西各五楹負殿而峙者為子孫祠大夫衆人之母而騶虞麟趾化被南國也一為福禄祠大夫受禄于天而飲食五福敷錫庶民也逮至僧舍賓居醑廩茗廚靡一不具繚以垣樹周餝丹碧輶軒之使紀綱之僕凡經行斯境者望而知為奇

觀爲自是上帝禰享馮夷靖戢秋水偶至不復敢與磯
抗惟遷逌徜磯而去百堵寧萬室盈先王因成民而致
力于神大夫致神以及民其揆一也蓋大夫東牟人泰
岱在其封内者維岳降靈所助者順此與受金簡玉書
于滄水使者絶相類不然前此葺祠之議竟成築舍大
夫總五閲月而告成豈人力哉不佞違典在掌故竊歎
取大夫之功置之西門豹史起殷袞之中恐大夫尚吏
然弗屑矣大夫諱夢玹宣城靖獻公后

重修城隍廟記

主事 方嵩

楚之潛江舊有城隍廟在縣治之西歲久傾圮邑令尹古汴吕侯廷相欽承上命釋褐來知是縣謁祭之日周視祠庭榱桷腐敗階宇圮陊登降俯伏若罔克施大懼觖民望遺神羞慨歎久之乃謀于縣丞邛縣蕭彦魁主簿石泉景思齊與史鉅鹿于清曰國家設官分職所以治民凡府州縣皆建城隍祠以祀之者所以為民也有災也欲其捍之特歉也欲其豐之今廟貌傾弊若是上旣不足以妥神靈下又不足以起人敬皆吾司牧者之過也顧與諸公割俸以修葺之可乎僉曰諾於是各捐

俸若干不浹旬衆村以集群工偕作傾者直之顛者扶之朽者易之朴者徹而新之廟寢煥然門廡巍然經始于天順七年九月而告成于次年仲春越明年為成化紀元夏主簿景思齊部糧來南畿乃以其事告于予且曰我呂公之德之功不貲于官不勞于民而盛事告成不可無紀述以垂永久敢假筆於執事顧無靳也予辭容故為之直書其事于堅珉因遺之以詩俾潛人歌以事神且以侈呂公之功潛江縣西古城隍歲久風雨摧殿堂呂侯拜命宰是方顧瞻上下心傍徨損費割俸材

賀良經之營之日用剛棟宇峻起何軒昂新廟奕神孔彰威儀濟楚集冠裳有司瞻拜來朔望籩豆壬林楸其香為民祈禱行蒸嘗精意奏假神洋洋自今以始歲穰穰百室盈止千斯倉四民安堵躋時康含哺鼓腹歌聖皇一人有慶壽無疆皇圖鞏固共天長聖子神孫百世昌

漢壽亭侯祠記

潛江知縣潘之祥

潛北舊有水剅歲久湮塞民患沮洳其上有官舍門廡廢鞠為草圃矣余始過其地惻然亟命修剅操畚鍤具

磚木不踰月告成水道復通余因郎故官舍地建祠為楹者六為廊者二為門者一周以墻垣左為泳廚右為精閣而易官舍于其傍榜曰忠義其祠以祀漢壽亭侯特奉府檄趨景陵止于西寺僧舍愛其山水秀麗大類西湖曳履登眺久之因取具僧四人以歸使居祠奉祀事而里民郭綋原捐田二百十三畝公因籍入祠命僧歲收其利具饘粥捐俸買近祠田五畝使種蔬菜設鍾鼓磬鐸而諗之曰而知余建祠之意乎夫潛苦水藉剅以洩之剅壞則障溢茲之剅城郭近焉修之亟而使守

者弗勤猶弗修也余故命為剅而即剅之地為祠朝夕諦視水之消息出入又念閔侯舊守荊潛為屬國潛之子姓其先世皆奉侯之教令至于今粒食皆侯之賜而無以報德非所以隆重其本故奉閔侯而舊之宫舍榜曰陶朱子義無當易以忠義以侯之耿耿夫節猶可風天下矧其素所居守者乎是祠以侯建侯以剅立剅之疏塞係侯之興廢侯之興廢係祠之有無祠固不可已也雖然侯之神如水在在皆是何獨私一潛予獨慮潛之民被水之患欲假神之靈以福我潛使魚鱉之場皆

義以身先之繇今以徃風起後人為仁人義士而不徒稱述尸祝於侯也者其在斯乎其在斯乎

楠栅廟記

潛江知縣黄學准

郎官黄學準氏曰予遊江湖間晚始知楠栅神之名江湖人凡稱楠栅皆虔心致歸依詢之師巫無可憑准其言神在江湖變化顯異能司風浪弘濟舟船普救疾厄默相大工皇木後先至不誤欽期疊疊不能殫述大抵皆奇奇恠恠可喜可愕者鬼神之理容有之矣予海濱之人聞諸海賈事天妃峻靈王諸神為甚謹暨壯仕楚

楚俗尚鬼名號紛錯蓋有搜神記所未載者宜乎知神之晚也不職忝牧潛縣址逼襄河先任茲者率支持目前衝嚙曰近去民居僅三五尺大成殿與分司直丈餘耳予嘗建石磯一所河堤竹木排障九十餘丈隨圮于水僉謂厥土浮壤無力不能負載木石下有潭穴水物所居卒難成功嘉靖戊申歲郡侯又洲劉公偕工守昆池張公寔來相度始議添三磯頭為支水計分守小洛何公分巡大乙張公相繼臨工示以要旨予謬承重委竭力盡心與同主簿李君璧典史劉子時仁率公正人

等船荷畚鍤礮將成忽折凡再更之而始定特巳六月大水踰期下至秀乃為速成之而漲忽暴至河堤水不沒者數寸所賴石礮砥柱風浪相撞勢甚危殆予筆與李博陳君倫袁君奎周君文晝夜坐水次視消長以占否泰居民鳴鼓聚衆勉強從事寔令其壯丁從家資施往也予為扶而復之既乃相率叩拜水府詞又相與呼曰摘柵救我行當別廟祀爾神請予文母刻碑以銘爾神功神或降筆連書保字衆心少安或曰水再加尺則越礮破堤入市矣適上流數里仁和義豐之堤決水勢漸

分川水忽漲壅其下流月餘不消既退則沿河陸岸皆澄積泥沙漸洲渚矣老稚欣欣舉手加額曰微神吾其魚乎學準氏曰夫人定勝天國興聽人固也嗟夫磯之始建也而析而固卒遇洪濤駭浪水石相犯千態万狀竟以無虞雖人謀之已藏非有物以訶護之不可予敢貪神功以為已功哉所謂大水踰期不至與夫滿不加溢退不遽涸者神也遇邪不可得而知也抑有說矣潛江郢都屬邑帝居伊邇二聖玄宮在望金玉相輝則夫山河擁護百靈效順以翼千萬載之皇圖者理無後先

楠枬又忍畧諸神之功以專己功哉祭法曰能禦大災則祀之能捍大患則祀之神之血食茲土固非淫祀無福者矣宿頤既存公冗兹奪民率造庭稽首曰大夫忘疇昔之慮乎凡民有約相與詛質於神以成其信況面與神約而背之哉背惠不詳食言不信誑神不義大夫其圖之予曰方慮君等忘之也乃擇日建祠而鐫記焉

隗公還券亭碑記

潛江知縣　王建中

余分符南來蓋在萬曆癸未之秋甫入潛即觀風問俗採民謠詢巷議以期毋負聖天子之命邑耆彥往往為

余言隗公月潭邦衡還券事甚悉余竊喜之謂縉紳如此編跡可知拾遺者且然何有牙角之爭哉余固可鳴琴而理也居閱歲獄訟繁與強掩弱智詐愚時蓋有之俗豈盡淳耶此其空谷足音矣夫利令智昏故取非其有公以陝令方為國保障而其範于鄉者又卓哉可為典型唐之裴晉公無少遜也無何邑中里役輩久而憶公之德請碑以記之余曰還券何歲父老曰公成進士時也余又問曰昔胡不碑曰雖德之寔忘之也今何以碑曰還券者陽春之調和之者寡故碑之也余又問曰

太守公勳業在朝聞望在野余晉接間其平恕有陳大丘風其却饋金後先閔西睦族黨比范文正施義塚有掩骼之仁給貧困有涸轍之惠諸儁士以賓禮舉于鄉焉何以不碑曰公大節不勝書今俗施鉤筒設機穽者日益甚閭里所欣艷者此還券事耳余重其請故為之序蓋欲彰德以揚休亦得師世而範俗耳得遺券者誰鄉民任大邦也例得并書于左云

清田記

參政　袁國臣

高皇帝郿縣天下授民常業田與稅埒焉率土皆然吾

潛地方百里稅僅僅以萬計茲云不清而復清其謂之何蓋潛之為邑當漢流下自嘉靖以來漢水數漲漲則田沒而民徙田沒則經界清民徙則故業失倡里豪右往往乘此蠶食之間漁田屯田與民田犬牙錯如而民田之稅較漁屯所輸不啻十之七八小民欲紓目前之急率影射以售以故阡陌其田者無升合之稅稅至數十石者地鮮立錐徹也久矣前令歲更代易比至邑故不悉又不有籍可稽咸承訛襲舛濫觴獄訟而國計之逋民用之詘日甚焉且潛為興邸湯沐故無城當路移

文城之為保障而瘦瘠之餘公私罄懸相視莫敢發猶
然擾賦税額數而坐泒爲意謂親子吾身可幸免夫緇
及矣其如民何頃明山朱侯至甫視事諸司築城之檄
星火於急侯召見父老問財力所出狀父老具告前議
且剌剌稱不便侯曰公家一切緩急何者不倚辦田税
乃潛之民田者不税税者不田君此竊慮溝中瘠因所
蘇息復執此為勿亟之後是猶寠人枵腹猝責以肩重
鮮不仆矣顧成案已具勾庸議城且議田税于是决策
當路請清之旣得請乃屬部下民令曰爾惟彼疆之正

毋爾越吾有罰又令曰爾惟自報之悉毋爾隱吾有罰又令曰爾惟互察之詳毋爾縱吾有罰侯則又斤斤爲持三尺法曰驅手足耳目以從之雖時炎暑暴行赤日中未始有厭勸意亡何恣睢者流鑠金之口道塗騰沸盖撓之也侯曰吾信吾無他膓已耳安能快彼群嚣以魚肉我民哉晝夜矻矻手持田税大較而裒益其間他如陂池林莽稍從寬等漁稞籽粒不失舊額以萬曆丁丑十月而計籍成按其籍行之匪直財力適均城成不日而獄訟斬然熄而税應輸者至擁公庭不浔遺境内

喁喁頌說平治若重覩高皇時也嗟乎如侯者難哉難
哉今之人抵掌而計天下無難為者及當事變紛綸首
尾牽制靡不逡巡卻步為自全計乃候破百年積弊與
民更始群射四至一不為動如砥柱然要之守以見定
才與誠合爾爾不然幾何而不為所中格哉夫率舊無
過循放遠非一恒人能辨矣侯豈好為多事以趨赫赫
者耶弊則掃而更之且為來者張本所願後之君子朝
夕修之以保有終則召父杜母後先焜耀豈惟潜民之
休不佞幸矣

鄭侯德政碑記

元耆儒　安惟懷　邑人

仕而至守令者、盖親民之重任也、昔漢明帝曰、郎官上應列宿、出宰百里、任非其人、民受其咎、然則是官者司平於民、任牧民之責、不亦重乎、潛邑前宰承務郎鄭公文遷、荊人也、世有令德、幼而學、壯而仕、備歷清顯、及其來治潛也、遵揚風化、撫字黎元、敦四民之業、崇五事之利、審察寃抑、勞形案牘、公正廉潔、剖決如流、可謂至清徹底、至明燭物、在易旅卦之象曰、山有火旅、君子以明慎用刑而不留獄、則公之心君子之心也、其明慎用刑

片言折獄、使訟者平、賦者均、歸於無訟而後已、然潛之為邑、當江漢二水之衝、前人以修理堤防之制不明、達導溝瀆之事弗講、所以或秋而大水、或夏而大水、以至於無麥無苗、農民失望、而困於饑寒、及公之下車、視民之溺如己之溺、躬督隄防以為己任、盡心盡力、始終不倦、民不勞而隄成、克免水患、疏開溝瀆以為民便、公之力也、此非所謂愛百姓如己子、處公事如家事者歟、甲申之旱、年穀不登、民皆缺食、老羸仆、壯者四散、流離塗炭、深可惻焉、我公以不忍人之心、行不忍人之政、備申

所屬轉聞朝省發倉廩賑貧乏之、人得以全活者不可以數計、斯公愛民之心救荒之政、自不遜於當世之公論、前宋熙寧中、福人有鄭俠者、因時亢旱、其間所見轉徙之民扶老携幼饑寒困苦之狀、呼畫工列為流民圖上獻之朝、神宗覽之、下責躬之詔、越三日大雨、切惟二事先後一轍、均出於鄭公之一門、可謂仁人之用心繼志述事者矣、比以歲荒所在盜賊、公以計謀尋襲追捕、方其未獲也、運籌畫策、廣布耳目、誓在悉擒、及其既獲、强竊各伏其罪、盜息民安、花村月明、夜無犬吠、詩云愷悌

君子民之父母其惟我公乎公之來於潛三載之久矣道以政而民興行齊以禮而民心服若夫以道治以德化則前古亦莫之過也揆之於昔時苗為壽春令去而留犢何武為九江守而入有去後之思今公之美解也潛人渭不以其實而鐫于石宣武李郎來請於予愚辭不獲敢欲公之梗槩以備觀風者之採擇云時至正七年

新築綠蔴黃灣兩堤碑記

荊西參政　顏敏　闕里

環郢皆水也惟沙洋下至綠蔴黃灣三江口一帶常襄

河下流害關荊潛江監衛屯為尤甚五代時南平王踞江陵荊郢盡所轄沿委害有餘里築堤捍之自沙洋至三江口統名萬氏堤距今將千年民猶稱焉王權無分制政垂利大且久也嗣是朝數葺脩築前數十見皆江監荊門衛屯與潛均任之遠無論即明正德丙子嘉靖癸卯丁未萬曆丁酉戊例具在

今上戊戌仲夏綠蘇黄灣兩堤先後決余時巡荊南一日者百姓讙呼塞道僉言水至城不沒者三版同時監利亦告災余詰而求得所以越數日始知兩堤決為江

監害至此郢太守丞暨潛令相繼請恊荆前太守袁民
窮執不可然水害更一年矣新太守耿君來荆紳袍士
庶見必言及君性温厚不作意見乃從民志具詳於余
余適從荆南移守荆西因得進兩屬官民而告曰若苦
綠蔴黄灣之害乎將惜勞一日而貽患無窮乎抑盡力
此時而垂利百年乎將偏執私衷而民命嘗試乎抑和
平相濟而造福斯人乎衆曰惟公命余遂率請而堤相
度估筭計綠蔴水旱堤共長四百五十九弓用夫二十
二萬六千一百六十名黄灣水旱堤共長三百三十三

弓用夫一十萬六千四百一十四名率以十分潛汛隄也獨出夫四分五厘荆門出夫一分五厘江陵監利各出夫一分七厘荆衛僅出夫六厘按堤計土按土計夫按利害主協計分數請之太保李公少保張公直指李公報如余議爰命郢丞林君督其役君條濬經營閲辭勞怨起去年季冬成今年仲夏凡六越月維度歲不歸署追法古之過門不入者欲回思相度估算時黄沙流水野無居人曾幾月日而来牟蔽野利舍成林耕者鈎者桑者牧者比匕而然向非兩屬官民同心共事將譁

呼塞道告災請協無日得休矣民則誠愚官茲土者其忍爲否乎郢太守馬君逢皋與荆牧薛君繼巖潛令葉臣邁江令戴廷諤監令韓望荆守倫周兆賢均有功于斯役得同荆太守耿君拱極郢丞林君文學並書諸石以志不朽若上而太保少保直指諸公明德豐功所在皆是無待余言為頌下而趨事胥役側得刊碑陰不敢與郡縣帶示鼓勵且不忘勞云時順治庚子夏五

序

榮民仁孝錄敘

太常寺卿李維禎京山

職方柴公立朝不數日而以同舍郎株累謫邊邑尉没身不復收會光宗紹天聞繹悉召諸逐臣生者超擢没者贈卹而公子廣文以請天官宗伯具如奏今上報可於是公得贈亞丞廣文輯其先後書疏與名公卿贈言爲帙而納言劉公名之曰仁孝蓋神宗遺詔固已眷眷登進遺佚光宗因之今上成之協風旁驗施作造物使白骨爲肉夜臺如晝仁莫大焉神宗五十年光宗才匝月久者易忘速者易畧而導揚玉几末命推恩錫類纍明代照述祖則蹈宗執孝莫大焉在職方公冥報相詒

其爲子若孫者世篤忠貞以彰君錫紹家慶則是錄也琬琰之珍鍾鼎之勒也不侈辱在世好書此以弁其端

奉贈王幼華明府序　　舉人　胡承諾　景陵

嘗讀詩序曰南山有臺樂得賢也得賢則能為邦家立太平之基矣故其詩曰樂只君子邦家之基基者事之始也崇臺累成必奉於基人君以得衆賢為基所得之賢更以積學履道為基基之厚者任重而不我[撓]基之廣者增高而愈安為學亦有基焉六經者學之基也其義屹立而不易其道全盡而成體制事則以道權義而區

畫之析理則以義證道而辨察焉是以學之基厚而日就月將其益無方為治亦有基焉仁義禮智之性充足於中者人之所同而學問砥礪之功繼續不倦者惟命世之士優為之積理以廣義懸法以待用全體在心斯變化亦出其中一事可法而施行不失其會是以治之基厚而天施地生其出不窮為官亦有基焉先王宵雅肄三益教以宰天下之道非但一郡一邑而已然而蕭東海之才宣帝知其可任宰相猶必更諸治民以考功故親民之官功名之本也濟物為心者必有霖雨之施

竹帛自許者必叶河洛之期岡巒迤邐而入雲霓兩翼
徐起而負日月其探策不爽其者括必中度惟有志者
成焉我洽陽王公之蒞沱潛也視事再期嘉聲遠播戴
繈垂纓而談者無不擬冠百城屬茲覽揆之辰潛之薦
紳先生衿佩胄子剡牘之叟騎竹之孺升堂舉爵以介眉
壽禮成而擯詔樂而旅語余曰自公之來吾儕熙熙如
登春臺矣公之令德遠猷焯然可紀者能勿宣揚萬一
乎漢水出山悍疾潰我屯營雷奔轂轉傳響百里公方
舟以覘土乘橇以行泥戰離推之忤負衛郡之薪向之

旋淵矗者峰雲彼巨木横絕中流沙洲突出頹岸何足道哉蓋土反其宅水歸其壑伊耆所以蜡歲功也苞苴之行浸以成俗瑱錦婁見不鮮金鉈無足而至公志不舉龢性無長物白日以照之江河以滌之却子罕之玉揮管寧之金此雖威鳳一羽亦足驗其五德彼詣泉酌水拂甑炊塵何足道哉蓋鄙像正直德如羔羊文王所以造西土也子駿之書七略靈運之目四部一行作吏此事便廢公鎖印而擁青簡五夜而熟步泥傳先師之言求聖人之指慕百代之善治棲千載之眞儒彼豹文

異鼠能對竹書脫簡能記何足道哉蓋天在山中象其畜德君子所以不家食也水行乎野徙居無常潴涸則填淤成壤衝決則洮汰為川地力已移地征如故故有丘夷而淵實黜歙而愚哭公隱情以虞察辭於差鍾美流惡不爽其鑑山魚澤承盡除其征言諸國無隱情狗諸路無逸口彼扶溝牧地不括江寧丁產自占何足道哉蓋隰原水泉各有攸處不相侵易周人所以徹土疆也聲音之道與政通為治世之人安以和君王之德廣且易公誕古公之漆沮臨文王之江漢稱詩之道得其

深矣且值八風從律之盛無中聲五降之衰導揚以播於下歌詠以樂其上彼扣鉢而響逝刻燭而篇成者何足道哉蓋定郊廟之章正雅頌之所周孔所以興禮樂也他若接士罄親己之歡交善謹輯柔之顏屢覯恥言邑子一見掖入青雲逨道白事駐車遣之立盡乎窒陳詞提耳命之領消理寬抑則稻芒潛察禽奸慝則汙赭輙縛訟庭多暇倚灘之舫拂纚霜嶅滿署之花流英錦旬右軍之法騫翥霏結虛中之技汪洋奧美無不兼長要皆公之餘事也所以孚兌達於上元夫交於下監司

郡伯、吏相器備、不引子賤之肘、能知然明之心、宏規遠略無不行其所學。爲時有鄰境致仕之老揚觶而申言曰：公所以致此者，吾得之矣。亟益之內，人見爲虛空，然皆氣之充塞，無不實也。古今所傳大人先生，無不有格天也業，然皆理之充塞，無不實也。氣密而固，故能載形；理密而固，故能御事。求道者必因事以察理，經世者必秉理以御氣。公之書卷不停披，因事以察理也；其以經術飭吏治，秉理以御氣也。是故以實心行實政，天下莫能若也。詩詠樂只，其在茲乎？如公也者，天實生之，吏樂

公之澤天也君實用之更樂公之澤君也潛人澤公而事更樂潛人之樂其樂也信其為南山君子也樂事薰蒸太和翔洽麟之儀儀鳳之、師師豈不萃於茲乎

贈邑侯卲陽王公序　　莫與先　邑人

君大夫洽陽王公蒞潛之、一期以汔以裕邦遡大誠歲德是守斞提帝漿辰輯乎策書之府、泰階符六禎裔珥五稔功沃禔酌祈紛霍、則有耆倪壯佼、執筵几而爨炬者、有牂牁合組之徒、薦譽剖錦之儁、褱領方絢、負牆搽穀、而廡左右次者、僉曰吾君吾父之襁我遺畊莫有醻

也、曰吾君吾師之穀我小子于造莫有疇也、君大夫逌繩々忞々、詔昨于遠、詠士于陀、曰奚其疇爾昨勿流、士勿游乎、不州輿來寢乎畊父不翔淵而畚搖給于鼛乎沉者能飛其幾采蟄者能躍于緩操乎、不舞帝江之干戚而搯厥衙萬乎、言未旣、二三遂初之老、亟進曰、蕞爾邑、胡疇之能為、君大夫之矜其勤、不鄙其陋、從而奮也搯剔翳薈為神所勞矣、雖宗攜其敢不懺、蓋吾楚俗之不類乎古也、潛為甚、見若十五六年以來、始之以扉屨服輸、繼之以軺廚苞篚、或戚或斂或主或隸或縮或溢、

或高或闢、犇之飛以曲鉤、巇之抵以深蔽、天道決猶疑其復、地氣寃循虞其嫭、愚老人誠不自意潛之徼福于惸大長者也、公涖甫期、而襄漅再割、積累時日、傫然邦許之間不言勞、椿頟之促数仁恕掾之呶嘤對之坦坦施施不激亦莫撓也、手實邑之土田、而鱗次牒之藉其牒也而履之、凡廣輪隆窪之勢、穜稑秬秠瓜壺果蓏之宜、若農人庀其家政、鉤致悉数、不愆于素、自夫邑之窳而佻也、蒠者隱覘刓稜中無守氣葛則蠹譎而鶬賤矣公嚛墳嚅典、蟠抵衢葦樽雖衆挹仁漿而飽之、族或棼

張義幬而靜之、竱綗束躬、若縣在靳、其材駸駸乎進于古、佀既流矣、迺懸衡楚書、貢邦簵而殖陵、蕆洋洋纚纚莫不行能絕跡飛取摩天一何龍鱗之貞粟虎氣之騰彝也夫衛侯塞淵而後成梓漆之美高密身度而後徵琳玕之奇所謂有之似之者乎抑聞諸神皐奧區五時三輔輝覽禀鶉精之首縣霜通流灉之塹公禀茲肅顥蔚矣青箱和簨簴于靈臺緝徽碣于岐鼓鴻文大冊以銘琱鼎則吉甫穆如之作頌高岡鳴鳥而游卷阿則康公泮渙之矢音履秉石則逕衡升登納陛則平格奏行

有日矣載稽公卿先正北地鏗訇明代學優矣議其政三原彌亮屢朝質優矣繩其文高陵規矩儒宗德優矣惜其遇維公皆挾而駕旃何則道藝者精微之産心聲者與愽之致骨體者定命之符公之精微與愽位乎中煇如其外蓄之以為發故弗鞹彙之以為查故弗弸通之以為定故弗鞽兹之為符証必工姑布之覘研趙達之策而後叶慶譽于蘇文紘苞茂于雅籥哉蒐爾胡鬴惟致其頌禱之私蓋有大而非夸者如此

雜著

姚文公謚議燧　　元　柳貫

天地真元之氣一會則聖神代作揚熙秉耀乘華協瑞以開太平而必有不世出之臣挺生其間攬結粹精敷爲制述于以增煥盛德大業而侔之三五載籍之上蓋數百年而得一二人焉其有關于氣運者如是豈徒乎文哉乃若先正魏國許文正公之在吾元寔當世祖皇帝恢拓基圖之始倡明道宗振起來學一時及門之士獨稱集賢大學士姚公燧爲能式纂厥緒以大其承然觀公之言而考夫文正之學則其機籥之相須殆不啻

山鳴而谷應，雲起而龍翔也故大德至大皇慶之間三宗繼照天下乂寧而公之文章蔚爲宗匠典冊之雅奥詔令之深淳固已抉去浮靡一返古轍而銘志箴頌之雄偉光潔凡鏤金刻石昭德麗公者文將等先秦兩漢而上之以闖夫作者之域排沮詆訾不一二而家傳人誦已千百雖欲揜之孰得揜之哉他日良史執筆以傳儒林則公在文正之門豈直儕之游夏而已也易曰黃裳元吉文在中也然則以之節惠公奚慊焉謹按謚法慱文多見曰文敬直慈惠曰文請謚之曰文

濫衝突漲溢一望千里渺無畔岸縣之東古有隄以防
漢水民有奠居近年來隄為洪濤所齧縣治之公私宇
舍悉為淹塌其害甚盛迺成化壬辰之孟冬淅之黄岩
李侯崇恩拜命丞是邑首進耆老民吏詢縣之急務咸
曰此隄不修民其魚矣李侯可其言即於是冬操畚鍤
輦玉石修築斯隄民驩趨之李侯昕夕循行勞來其間
旬月落成廣三尋崇二仞袤八百餘丈是以通車馬便
往來公私廪宇稻菽桑麻悉有賴焉名曰花封隄傍咸
植榆柳夏以蔭行人冬以敝冽風民甚德之頌聲載道

藩臬大臣悉加與焉春坊庶子今少詹事華容黎先生
太撲來是邑美以詩章四方士大夫賡和成帙而刑曹
郎中姚江吳節方判府事甚加獎勵又為之序引予亦
以手足之愛遠至容城道出于潛聞民頌李侯之德政
不特此隄防已李侯黃岩故家叔父祖都御史從兄會
暈宰吳安時從弟璲南京粉署大夫皆卓犖有為此三
公者予所接見而其族之衣冠榮貴予所不識者尤衆
李侯生長其間漸染薰陶是以出而為政克知大體而
急先務以成此禦災捍患之功民稱頌不已誠可謂能

不負家世矣予遂為之頌以貽潛民頌曰

潛之為邑漢水所歷沮汝畢滙歲夏及秋沱江交流為患其尤縣治東谿古有長堤民賴以捿夫何近年崩囓于潛公私患焉有丞李侯惟民是憂隄首以修舉之紛紛築之登登鼛鼓弗勝不旬月終告厥成功永利無窮千門萬户惟胄惟祜頌聲載路我居昔洳我田昔湖民幾其魚我居今屋我田今粟民底于穀石塘名胡徐隄名藕二賢齊驅花封隄修成于李侯可以匹休我經潛水為此頌美將貽無止

疏河議

潛江知縣王念祖武進

余嘗覩蒞泗港閔寨口堤塍見堤内民舡湊集皆自京景谷而來沿隄而止不知此河之所通者遠也復操小舡視西岸隄皆屹然如山東為趙林楊付中州垸西為楊湖三汊口二聖寺凡二十里而為郭家嘴中皆河濶水深由郭家嘴而分為二支一為汪二港至張池口出連口大江一支由曾賢口至魚星河而又分或由竹同河出雲口或由線河出團風皆入於江然自郭家嘴而下余不能至焉要以父老所稱合之傳誌所載原委

聉然以爲開則由冲決塞由淤漲萬無不可信若也由郭家嘴而登高墈一望蒼翠南達太平北麗青山非菜非麥可以供燎而不可以供食者楊林等垸之蘆葦也鳩呼鵠立擁車載道言之而哭聲動地慰之而歡聲震天楊林等垸之災民也審其所以昔之高腴自泗港塞而永鎮之淤漸高楊林等垸為之壑但有水之入而無水之出也能無漂沒乎若是則不宜塞而塞宜開而不開其故何也一由府総之營私當永鎮之未決而塞泗港府総之為湖池者皆高壤也一由經紀之專利潛江

豆多谷少皆自青山来非沔港莫可由也塞沔口而欲糴者不得不減價有力之滑賊入而貴出之若欲搬運而腳夫百倍悉受其利則其塞而不開者居民壟斷而又假大府以為之祟也以逐末之賈而防務本之農以一人之私而戕萬民之命不大毒乎使之開而楊林諸垸之水可出也且楊林之田可淤也目今可紓其害而日後子孫亦得享其利此猶以一方言之也蕩蕩漢水承天而下無二道焉築而不疏勢不能驟下則必決自京鎮議築而余已憂之計允水之故道皆當宣洩洩之

必自泗港始今永鎮將告成而下邑益為凜凜試開泗港以殺其勢而潛之南北諸垸無不受其利潛之城池倉庫無不受其利者可不再計而決也以其閒塞之故孝之往者不具論萬曆二年兵科給諫劉亦嘗請濬穴口以殺水勢撫台趙題請委官開疏動支官銀二千余兩修築內河兩岸垸堤堤壋至今存所見屹然如山者是也嗣後二十一年曹知縣開之三十一年潘閘之此數公者留心民瘼所傳者正人君子也使開之不便則當時何不聞有水害也正人君子甫至而即議開甫去

而即議塞其開也以旨以明文其塞也僅奸人一丸泥耳曾不聞有正大之議主持其間而后塞之也為今之計考之往蹟而議可塞也議塞者曰太平垸受害夫太平在中州垸以内其地高以中洲受水開泗港而中洲之水大亦或浸及太平然太平自有堤可加而高也自救良易欲塞泗港而中州以北永無望矣可謂公乎太平垸内半係府摠歲受經紀之利而假之威故為是言耳又曰景陵受害夫以鄰為壑余必不若是但江自承天而下泗港之河通景陵夜汊之河通監利蘆洑之河

通潛沔如謂景沔塞泗港則監利何不塞夜汊潛沔何不塞蘆洑蘆洑在潛而潛不塞泗港不在景而景不塞潛乃代為之塞以自貽害也耶且聞之景陵護城堤較潛堤更為高厚景陵之河尤為巨浸倍于潛之蘆洑也即開之何害于景陵又況景陵之病水也自有永鎮青山諸水豈在泗港之一縷乎天下事未有利而無害者開之利曰殺塞水之勢曰通灾垸之水曰守各垸之淤開之害曰費熟垸如帮之功曰戕居民壟斷之利相提而論輕重不較然也哉語云三人謀則從二人余亦欲

廣詢之也初詣其地宣言曰疏河之後有言便者自為
一義先竟其説有言不便者亦自為一義後盡其辭乃
言便者數百人而言不便者無一至也意僉謀已合乎
及路勘完還至中途人已散盡復有數輩倡言了無斥
紙而以塞口始末來投閱其所載非書生出位之謀則
異邦請托之吏雖經府廳獨斷亦含糊而不得其情不
知當時何以服人也前縣安亦嘗議開據其立案揣地
勢體民情陳利病非 不確然井然迨遠方勢要之言一
壓之耳而議遂不行任事之難如此余今查一民劉膚

之陳體上司愛民之心攄一己耳目之所及將無所顧忌而意在必開豈曰敝非常之原夫亦證故道于水涯尋前賢之芳躅耳茲欵申報按台嚴示開濬勤石垂久猶恐一人短見偏聽生奸敢請諸士大夫公論同示數語以濟余之不逮

報書　歐陽東鳳

建議之公私利害之大小多寡洞然又何必贅一辭

又　劉道隆

王道本乎人情北河之開從來稱便非當事者力持之

徒使撓者得以申其說耳今脩議甚悉至夜汊之通監利蘆洑之通潛沔泗港之通景陵開則俱開何故為景陵塞此河以自貽害也尤為不易之論當路者不得不從矣

與太守議開泗港書　　歐陽東鳳

敝縣江漢間一澤國也上流澎湃下口壅塞水一入潛永無出路而泗港一河原為宣洩故道適奉按臺批詞方在勘議尚無定論乃景陵士民遂從旁阻撓大都謂泗港淤塞多年一旦議開則永鎮之害未杜泗港之水

又來走請就其言而為景陵講之夫景陵之害莫大于永鎮然必下流疏通吞納有地而後永鎮可築築亦可保若水口壅塞則萬里奔流之水束于一縷之河洶湧衝決何所不至恐永鎮之害終無了期矣該縣士民知永鎮之害而怯于夫力之費遂置永鎮而專議泗港若曰永鎮之費既省而泗港之水不來則計莫便于此耳夫水必有所歸不來于景則往于潛矣景陵亦當千心設處我阻其來誰肯獨當其往乎況其來也不過以景陵應洩之上流還洩于原有之故道非潛江之水而以

景為壑也亦非先本無河而創議自今也又不過假道景陵以達于江非如潛江之入而不能出也來而有所洩即來何害開而于永鎮有濟則開反為利不急講于人已兩利經久可行之完策而謬執其損人自便苟安目前之頗論其于利害大小之際抑何忞忞也泗港自萬曆初年奉旨疏濬屢塞屢開河身依然船貫通行而詭稱淤塞多年以抹撇明旨此其咎不專在景陵姦近港居民豪有力者以塞港而後京景轂船緣堤住泊賴以致富恐開則船隻經行無由得利故璫焰方熾則倚

太府為崇壋勢稍衰則借景陵為援多方鼓動百計旁撓景陵士紳居處遙遠不知該縣所關係政不在此故墮其術中而莫悟耳敝邑縉紳硜硜自守溪谷小民亦皆樸野遜懦本不欲妄有陳説但彼既嗷嗷求勝義不得無言而處此伏乞老公祖轉行勘議疏排與曲防孰公孰私泗港去景陵與潛江孰遠孰近潛江北城一帶沿河街市有無崩塌而田土與城也孰重孰輕開故道以自救與壅水口以病鄰孰是孰非潛江四面皆湾池與景陵半壁皆沃壤者孰苦孰樂從公分剖力為主持

以鮮倒懸以息囂爭合邑幸甚

與兩院議開泗港書　歐陽東鳳

嘗聞水無全利亦無全害通之則利壅之則害分受則利獨衡則害去而有所洩則利來而不能出則害故神禹先疏瀹而霸主禁曲防此利害得失之大較也敝邑泗港離縣治總二十餘里、有古河一道分洩上流以達于江蓋水必由地中行而后勢無横逆民免昏墊所從來舊矣曩者潛景之議嘗出于一故趙都院題請疏濬亦據景人鄧伸等之條陳原任兵科給事中劉鉉之疏

講學對

歐陽東鳳 邑人

楊少宰復所許少司馬敬庵講學金陵從者如雲余魯一再赴旋以不得于心罷不復往或曰子之不講學也何居余曰昔莊周比舜于卷婁蓋以舜德羶而人附之今少宰司馬之羶于勢甚矣其似卷婁也其徒各竊諸論以分門角勝猶可言也藉摳衣執經之名以竊處囊彈鋏之實不可言也大抵講學明道本窮而在下非公卿之責若公卿則蒐訪人材詳求民瘼以毗化贊理迺恒夙夜奚暇抗顏坐席為人師耶昔漢孔光自為尚書

則止不教授陳寵自任樞機輒謝遣門入益自見此黄瓊教授于家徐穉從之咨訪大義及瓊貴穉不復交劉安世于司馬溫公義訂師友恩伉父子然平居問詢不絶及公登政府則未嘗有書蓋造經席則師于諸弟候政府則相于庶僚固自不同愚頑今之聞公先達寧為孔公陳寵後進之士當為徐穉子劉元成也

花封頌有序

國子司業張業 安福

荆之潛江蓋以水自漢出為潛而名邑也其地皆平源低窊江漢交流之所多湖港魚鱉歲五六月間漢水泛

議非專為潛江而開也其後附港市豪有利于築口以停商船而私壅斷者貪緣太府持議開塞無何而曹尹開之已復塞而潛令再開其塞也實藉太府司校為崇其開也亦由敝縣官民主持未聞景陵出一言阻之也三四年間豪民見太府虐焰稍衰遂改而倚景陵為重復藉漢川為援該縣士民隨其術中而潛景之議始歧而為二矣然亦自知病隣其言俛求未嘗顯然詆潛江之為非也至今日而是非愈淆置競益甚潛江以塞為病潛而景陵亦以開為病景夫使水而果由潛以入景

也則潛江何敢損人以自利然而水之經行自有故道也由承天而下一支從泗港通景陵一支從夜汊通縣西而通監利一支從蘆洑徑通潛江河道見存邑乘具載今潛江既已自受蘆洑夜汊之水矣而應通景陵之水必欲障之以注于潛不知潛以景為壑乎抑景以潛為壑乎不知疏故道者為病隣乎抑曲防者為病隣乎何其不自反也又使果有利于景無損于潛也潛江亦何苦遇分畛域浪費唇舌然而今之潛江非昔之潛江也十年以前宣洩有路猶可代景受水今監利沔陽潴

水諸湖俱已淤塞一入于潛永無消除之期致令楊林中州黄漢等數十垸田悉成沼閭殫為河夫假道景陵以達大江景陵猶不肯受乃驅其來而有所洩之水以注于入而不能出之潛豈景陵田土有税糧向潛江獨無税糧乎景陵士紳有廬舍墳墓而潛江獨無廬舍墳墓乎何其不恕也泗港曁邇縣治一堤横亘水流迅直每逢夏秋水漲由蘆洑直衝北城迤東一帯逐年崩塌逼近城脚相去纔十餘丈耳年復一年不知將來作何景象田土為輕城池為重故潛江士民憂在眉睫乃景

陵遠在百餘里外以由泗港迂迴達江亦籍口衛城輿
以聳聽何其不情也十年之內曹尹潘令目擊潛民困
苦兩次踏閱河身如故而曰淤塞年久何其誕而無稽
也頃者按臺謁陵道經敝邑連名控訴批縣查勘王令
親撥舡艇詳察水勢復稽考舊牘詢訪輿論從寔具申
批道覆勘正待議定通詳而景陵士民遽爾張皇阻撓
蓋景人言景潛人言潛令景者為景令潛者為潛此人
情所必至無足為怪若景人既越境以防川又先人以
防口居已于利而嫁害于人則義之所不出也況潛景

同爲台憲賜履之地如天之無不覆如地之無不載有何軒輊雖以景陵之膚愬致煩憲牌煞止禁居民之盜決不禁通國之公議則其一視之公痌瘝之念亦可覩矣屬自忘葑菲粗陳梗槩伏乞台臺委官查勘同一澤國也永自承天而來景陵何以不當分洩而潛江何以獨當子注同一赤子也景陵何以防水病隣而潛江何以代隣受病同一水也兩縣俱有近港田土涓滴入景陵既曰莫大之害而潛江何以獨有淤田之利相去百餘里之景陵既恐衝城而二十餘里之潛江何以獨無

牖户之憂如一語無驗夙當與父老子弟同受斧鉞之誅臨啟不勝激切不勝惶恐

議濬

王念祖

詩云、漢之廣矣、漢之於江可見其勢尤浩漫、乃今之漢水兩涯相距、不過一二里而已、所稱廣者何在、孟子亦言決汝漢、治漢水者利用決、謂其壅塞之易必衝決而爲害也、乃今則以堤爲命、真所謂止兒之啼而掩其口耳、夷考上古之時、不聞有堤、水至則均受之極淺淺耳、自有堤而水勢反居上、田反居下、一決而害不可勝言

矣河形若乙水勢如瀉数百里内積歲月之久能無蟻穴乎寸瑕而萬丈爲墟當水至之時東救而西已崩上圮而下乃緩概潛之地歲築而歲浸亦可嘆也稽之典籍自郢以上至於内方以達於漢口有大别諸山爲門户之鍵入江必不能捷故有支流以分之有湖漫以瀦之如小河口泗港黒流渡諸口夜汊湖諸窪皆以通漢水之脉而使之不波也近皆一切塞之惟聱乚焉以通爲事余自壬子冬至楚迄于丙辰未見有能自全者每太息言今之治水當一疏而一塞不當專務畚鍤堆譚

京山以余言爲然餘無不掩口笑一日有道尊閱及築隄何法乃得長保余言保堤無法今當議疏道尊咋舌曰此非吾所敢聞葢各口與湖地皆爲豪家腴產必不肯復爲水道而上官多北人亦未能親履其地故往往爲目前之計非真念百姓之利害也倘有洞悉本原者必從吾言矣

永鎮

永鎮觀鍾祥太府之地提決爲害徵役於潛余時初至作一揭於道尊竟不受役大畧云潛江之於永鎮不當

築也不必築也不能築也亦不暇築也奚以明其然漢
之廣矣不可遏也上流下塞不決不止決永鎮而水出
京景其勢旁殺潛之堤尋常能禦之矣是永鎮之災乃
潛之利也若築永鎮而下決之水潛將不可保豈有興
土築堤以自速其害者乎故曰不當築永鎮決而潛之
受害者豈曰無之然東北一衣帶耳於潛之城邑無故
也若永鎮築而一帶可免西南則已亘地矣拒虎進狼
何利焉況以一方而疲一縣之力又何異以一指失肩
背故曰不必築潛民築潛不出門庭極急而亦極易若

赴役於二百里之外，將派之於田乎，而民不堪命。將雇之自官乎，而公廩皆虚。故曰不能築。潛有七十二垸，無一堤不增加，無一人不戮力，若爲永鎮助，將兼而舉之，無此力也。將舍而執之，無此理也。且永鎮築而水勢將倍於昔，緣江者靡不有戒心，而工亦將倍之，故曰不暇築。后又云，自古以來，無有與水争道者，障之不若疏之。今不議疏而議障，障之永鎮，能不决之京景，障之京景，能不决之潛沔。蓋自太府言之，永鎮多太監府地，則保永鎮，而已利，合荆西而言，則有一方受决，鄉非生民之利，烏在

其爲全策也况永鎮之設旋築旋潰亦無必固之方若聽其缺陥以殺水勢而於决口兩岸築堤以防爲壑之田築堤之費亦足相當夫然而永鎮安潛江亦利矣此則本縣祈願協力者也意者地勢人情有所不可乎永鎮工成本縣急自爲計築堤之外更當濬河查嘉靖間知縣敖鉞奏請縣河東岓掘恩江河隆慶間知縣梁棟開新河一道於梁家嘴以洩夜汊水萬曆初年知縣李之珍開泗港今故道猶存而皆淤塞夫使江水汎濫自爲衝决不若先爲之地以洩之云云揭上即傳之民間

無不以余言為然者

趙林

趙林垸與泗港口逼近，歷年為漢水所決，景之災者十之三，府田之災者十之一，而潛僅数千畝耳。府田之佃亦潛民也，以被災久不能築，而其口又窪而沙，余凢再築而再決，已其心棄之矣。景陵之人徵工則不少助，而欲聳上必欲塞，府官知余不可强，則說備監任其半，以一責景而以四責潛，百姓皇皇以告余，余知上官意有所屬，惟備監可動耳。往因杜監猖肆，欲縣官行叅禮，以

故絶不相見、杜去、而代之者劉公、有意下士、余所善小璫張貴、每向劉公言、余與京山公而欲見之、余謂見無不可、第不行參禮、餘即以屬官待我可也、劉然之、余與京山同謁、長揖就東西坐、余因言趙林之役、全以為景、太府之於潛、有分土、無分民也、安得舍景而全責之吾民乎、且此役費力多而成功寡、成則景受其利、而敗則潛當甚害、不若姑待之、田稍淤、民力稍甦、而後可為也、劉以為然、遂不築、

總口

總口在縣治下流、本潛江地、一决而全沔皆墟、縣之浸者、千餘畝耳、余未至時、潛沔同役、沔弁督之、賄脫沔役、而專責之潛、且申潛民之抗也、余至、詳其事而罪沔弁、是冬、沔與潛仍分築、至夏、潛之築者畢然、而沔工復决、余方以是讓沔、而沔乃更其詞曰、此潛江堤也、何故役我士民、俱告之院道、州官亦申詳、詞俱侵余、謗言大作、余思若欲悦沔、則必全任其工、派之通縣、既不可責之災民、又不能、欲全我之虛名。而不顧百姓之利病。此非余之本心也。姑聽之、明年、沔陽又淫、而罪余益甚、會巡

道駐汛，各官具集，汛紳愬道。道以問余，余曰：堤實潛之地也。潛之堤固不能令汛人代築，然既爲潛之堤，汛人何能强潛之必築乎？如以爲不相關，則於汛無與；如以爲相關，則止論利害，何分彼我？汛人自貽伊戚，於本縣何尤？道尊見余言直而峻，遂全責之汛。汛糾合邑之工費萬餘金，而堤始固。潛自哭民而外，不受役縣下，至驩動者，余之力也。

辭兩臺建坊書　　歐陽東鳳

病廢之夫，蒙臺下特達之知，如枯株朽荄一被陽春頃

爾昭陳頃復承下訊建坊所以光寵下走者備矣繼至冥頑不靈亦當俎豆五內惟是憲臺表宅本以樹聲施及不肖盛典爲虛雖是藉光一時未免貽慚役齒況澂邑以昨歲稼穡之無秋米價翔貴今春霪雨連月二麥難望萬口嗷嗷莫必其命下建既不能仰賛當路振困扶傷何敢儼然受此隆施以空帑藏而勤里旅下寀惟是縣城西南一帶城堞塌陷危于壘卵而北隅有捍水石磯亦漸次崩頹離城不滿二十餘丈失今不治將來金湯必為湾池盖自宋明山父母脩城至今已幾四十年

百事廢弛所從來非一日矣今令君銳意興除亦千載一時曩昔浮橋之役得請叢業功德無量而城磯閘鎖更大所費更多令君雖已估計經營恐難無米而炊願台下主持于上俾令君得展布于下共成此千秋之業下走同邦人世世受其賜較之建坊不亦普且遠乎生平不敢爲貌言況知己之前安有飾詞虛讓者如此東除呈縣轉達外專馳十价申以衷言惟台慈垂亮

再辭建坊書　歐陽東鳳

老公祖表宅之令一下里族騰懽況在東鳳身受褒顯

有蒙眷遇而不知感被光榮而不知嘉必其碩不靈者而後可也乃不避吊詭之嫌不懼方命之罪奏記懇辭者非但行能淺薄受之有靦如前所云而已也緣鳳歸田以來疾疢纏綿屏居荒寂如虫在堇無論三黨姻交酬往俱廢慶吊不舉雖至親如妻子亦經年不數會家事大小一切勅斷盖自知叨月逾涯福過災生故寧遯之冷淡寂寞之鄉款謝絕人世之穠華以希逈草木之歲年耳忽承台命益恐濫叨愈甚災難必生每一念及不覺煩赤而顙泚盖其一腔不自安之真情不敢當之

真愧由犬馬衷曲達于面目雖不肖無能自過耳長者有賜猶曰卻為不恭況編户之于祖臺厥有等威且盛典不禁施而首被不肖何等鄭重何等光寵倘非此中真有一段萬萬不安處鳳亦何苦殘刻自處頻瀆威尊以韋條施而取譏讓也霜臺清嚴歆再遺力既覺非體而邑大夫雖餘諒其血誠又不敢代為申懇使老公祖而非鳳知己也何敢瑣瑣聒聽然生我者父母知我者老公祖也敬三薰三沐百叩百禱佈此勸悰伏乞俯察疇昔無遺心之言收回成命以曲全硜硜小哉之微尚

則初志以遂夢魂俱安古人薄感而重知己皆是物也情迫詞蹙自知無所逃罪惟台慈垂亮

寧儉說

劉勲 邑人

予嘗申寧儉之說以飭吏治矣今復欲昭是說於比閭族黨或者曰禮者中而已矣質過則陋文過則靡聖人謂寧儉以矯奢匪大中不易定禮也子是之說不已陋乎予曰儉者質也質者本所在也夫子傷文勝者之無本乃曰利而巧文而不漸而于林放之問乃大之而示其本曰寧儉使末世皆本之務則朝廷之典章聖賢之

禮制可得而守風俗惡得不厚教化惡得不行廉耻惡
得不興惟儉是陋而習於奢將縱欲敗度踰節陵分敢
於無忌者又何不至噫古者宮室車馬冠服飲食往来
交際尊卑貴賤各循其分而不敢踰儉也亦禮也今世
俗則鄙儉而崇侈廢民墻屋被文繡少年騶從擁道塗
越羅蜀錦照耀輿臺山珍海錯膾炙綺筵餽遺候贈靡
不獻奇貢珍名紙儀帖率皆金紅長連噫豈皆取諸宮
中而用之哉強取諸弱貴取諸賤巧取諸愚奈之何民
不竆且盜耶且吾儕大夫士齊民之表率也而城中大

袖四方疋帛富相觀乎貴不足相觀乎有餘非卓然豪傑鮮能不漸染於奢此士之所由失恒心民之所由失恒産又奈之何民不窮且盜耶哉又曰格弊於奢也久矣子以儉挽之是欲以氷蘗而易肥甘吾惧其難入也予曰否氷蘗固不可入肥甘之口敢問肥甘者獨能舍菽粟而爲饔飧哉儉民之菽粟也鄉之長老家之父兄孰不有子弟群後哉吾未見賢父兄長老率之而子弟群後有不從之者挽澆漓而還淳厚是惟君子之德有以風之耳儉顧不可行哉故曰儉德之共也侈惡之大

也廳事旋馬視第宅連雲者孰與敝車羸馬視流水游龍者孰與布衾澣服視擁貂衣狐者孰與一盂一粟視日食萬錢者孰與蓬蓽盈門視庵中亦寂無人者孰與今詩書衣冠之輩談則訊奢之非行不顧儉之是及其詰之則曰是禮也噫此而為礼古所謂忠信之薄而亂之首也夫子論三歸之僭禮則斥其非儉論麻冕之合礼則喜而從儉他日又曰與其不孫也寧固知寧固之意則知寧儉之意矣知寧儉之意則知禮之本而所謂文之以禮者在我矣故曰國奢示之以儉國儉示之以

禮此聖人用中之微權知此然後可與語寧儉之意

禱雨文六首　莫與先　邑人

文爲莫子與先治高邑時作也與先以戊子拔貢辛卯中北闈書魁戊戌成進士初任高邑歲乙巳徂旬熵焰禱于城隍山川社稷之神弗應室嗷嗷靡寧爰搜部牒有明初金令四科祈澤龍王之事遂聘老衲繙繹典得大雲請雨經譯而誦之躬宿齋壇不五日大雨如澍禱稼立起雨暨部界鄰封無尺寸潤者尊適在部見部士

大夫京華而記之，因録其文，載于地志，不獨光宦蹟也。

祭城隍文

謹釆蘋藴，就䐑之毛，酙溪澗如滌之水，致祭于某神之灵曰：維我有神，欽承上帝，鎮撫照臨，于鄗甚久，今亦奉簡書以承乏茲邑，惟是夙警嬰疴，不明不勤，尚賴神啟思翼行，俾勿隕越在下。今旱既太甚，首種既不入矣，秋稼過其時，亦且懸耒與草，俟并澤而後從事。嗚呼，旬日不雨，則鄗之子遺無食矣，令固不職，而何辜乎蚩蚩之

坻令修種六旬有五日、益不敢不虔、至于鄗土之窒瘨道瘠、謌哭呼搶、而靡所不至者、神之聰明、實式臨之、豈其愸寘而莫之卹也、

祭山川文

余嘗歷覽鄗土、有陜陁而西屬者、或曰、此太行之支裔也、至挽涉二川、列于經、載于風、蓋為鄗興雲雨潤生物者、維神攸賴、嗚呼、旱不可推、不可沮矣、而胡為乎不我聞、豈其春秋之事、牲醴之弗腯、弗清、弗克答神休而靳其澤歟、抑令之多疹、實府戾于厥躬、而務明罰以耗斁

下土、可不可也、况神以林藪為膚髮、藻荇為裳裾、今各薙無濕、潭留惟星、固知神之無樂乎此、不康食之民、更何如耶、

祭社稷文

凡邑皆有五土以殖嘉穀、失時不雨、則土若炱煤、穀不可稼、而民將無食、無食、則邑將為虛、而春秋之事、無能奉其明粢嘉粟以犇走于神者、固生民之阽、守土者之憂、抑亦維神之羞、

祭龍神文

稽諸鄗牒、益勝国萬曆中、金令四科、有記其徽福于神、而降之澤甚遠且異、讀之赫ヒ如昨日事也、維神觸石鼓瀨、不崇朝可千里、曾于鄗及令鄗者胡私、然神悒陽劉而中正、惟令之賢不肖為予欲、寔惴惴然愳神之不得不私于昔令而靳于今也、但鄗之民猶昔矣、豈惟猶昔、其肥瘠、薺荼聅昔奚翅數十百倍、邇來苑栁黃苔蠒緜新穫、而鄗愈不可為矣、方金令有請時、沓種既入、所望者、旻穡而龜坼耳、今雖麥之實、食不能人半斛、不雨則終歲無食矣、雖某省憂之誠、曷敢望昔令、而蘊隆之

灾實数十百倍于昔，雖神賑鄗民今猶昔也，鄗民之可矜閔亦不翅数十百倍于昔，則今鄗民之望于愾路子泣棼棼攘攘于神左右，庶幾姑舍其之不明不勤而後如昔令之徼福于神而降之澤甚連，且異記而傳諸永久也，其將匍匐俟之

雨降，禱山川社稷文

鄗民懸耒舍耰，仰呼俯擗而待命，斯須者，果得聽聞于神之耳目矣，雖蘐藟之起，沈痼，綆棧之援，顛陷，曷足以喻，神不自有其功，名而上之于帝，太空冥冥，為而弗宰

蚩蚩者不知其所報、而且有屬饜之請焉、其覩茲窮黎
凡代種庸土、無不取倍稱之息、閱閱焉冀其有成自時
厥後尤望膏霖浹緝、蝗艾奄覩、是以當報而仍祈、庶幾
民不重困、而神庥有終也、鑒之哉、

雨降、疇龍神文、

神宎幽窅窕、倏眒撇捩、迅自蟄也、室蓉霓禧、坌滃蓊緗、
阜迺石也、隧鼓各噭、攢蓬隤林、巇島蹴也、砰礚轔轕、䃶
磹熊寃、倚柱失也、歘溢捎𢷾、峽舞駃奔、海可立也、慈鉥
慧銛、蠙藏魃悔、趣勿螫也、水芝土防、芬濡其厭、羸之息

也、天梯石棧、長絙大縴、躋之出也、申之以霢霂、終之以霑足、神曷惠其極也、

法雲社䟽　　歐陽烝　邑人

天台大師曰欲安三種三昧必須善地善地有三一深山遠谷二頭陁科擻三蘭若伽藍夫佛子旣成道之後一切宮室飲食衣服皆其法力所現而時在重修則必緣境起情因情移境神聖以此在圜引化不可得而易也邑中古刹禪堂久湮諸釋子秖能了有爲法所謂感儀整齊器鉢無聲者阿閦示現而四方高衲亦且望枝

棲如竹影豈前此遂無一二志於道者歟抑無闢發傲悟而使然歟亦憚其煩難知其不能爲而遂不之爲歟今比丘通如夙有願力慨然約合緇素輩締社追匡山故事于河之東岸闢草壘土欲爲閣爲殿爲堂爲藏爲佛像爲廚爲庫爲鍾鼓樓爲山門爲路爲渡期以次第有成猶疑此非獨力所能贍也遍就高門懸簿而叩焉嘗計人間世不過閒忙兩地名利忙地也公則爲朝市私則爲田廬井宅極生平之力以營之而尺寸不得捐彼我莫肯相爲也僧之處地則閒在世外人無肯輕就

而實一切煩惱所不及精舍祇林每合衆志衆力以成而猶恐後我也閒者不能代忙者易其苦而忙者反為閒者助之適是遵何義哉意以為朝市之中道所不止也聚茲大衆而居之閒地必將有有意乎道者焉聚有意乎道者而居之閒地必將有有得乎道者焉在世法則世喪道久矣何幸而遇其人在佛法則一人發真歸元十方世界悉為淨土是固朝市曰廬井宅所以銷歸真寔而人我爭奪所以平也此區區者尚何容惜乎至若今日以邑中待與之贖舉而通如首倡其議諸擅越

相與共了其局而余又以言慫臾其間則茲一事種種功德始者終者力者才者言者為僧為俗為男為女為為本土為異邦咸有因緣不可思議所期力破慳貪講斯希有而施之多寡蓋無論也

塔灣景峯庵疏　　朱士尊邑人

古剎精藍或肇開唐代或創造宋元潛封百里內几數十所而七層浮圖惟古邦塔灣有焉用以鎮鎖三澨距太安寺二千肘誌載蘆狀塔者也隆萬間水齧陵岍塔亦隨淪因憶那迦邏國佛蹟龕東大佛手作浮圖高十

文云此浮圖陥入地佛法當滅雖非槃四大而何以塔没之後三[illegible]匌匐褰裹比歲唐初太安寺亦遂沉涯沙中柟檀瑞像委諸林莽風動沙合游者謝路夫非邑之陽九佛之百六乎而或謂佛力浩大鮫龍護持不知佛行化時龍王瞋恚作大風雨佛僧伽梨表裏通濕刼運所在水火有時而王佛法有時而窮然勝蹟不終湮釋教不長淪百年之後應有大德名僧轉世作念結信成緣構堂殿復勝槩與徃因合符記予甲午之冬泊舟待月父老告予沉塔處并言近有漁人每得瓶石上有鐫

字歲久磨滅不可識豈此塔尚有重興之日乎予曰昔後魏時晉處士趙逸過杜子休宅歎曰此中朝時太康寺也龍驤將軍王濬平吳後始立此寺本有三層浮圖用甎為之指示故處子休掘驗果得甎數十萬遂捨宅為靈應寺所得之甎還爲浮圖人間興廢大率如是況神物乎焉知此塔之不重興也歲戊申秋忽有眞武鑄像一軀從上流來止于茲岸土人迎之掾竹誅茅聊蔽風雨禱徼響應庇茲境土佛愛拈提先遣開山昔之毀于水者今漫成于水竒去幻來莫測其奥有智僧者誓

發宏願爰舊址而新規之仍開梵唄力繼芳踪求資境内誚續炊沙其地東連漢浦西接鄖襄南通荆監北達景沔舟楫停橈之區車馬憩息之地學士大夫農工商賈罔不絡繹造無而有布金實難聚十為千持鉢猶易況天方休否佛現宰官此日之頽垣斷瓦其即雕梁粉壁青鎖綺疏浮圖高百丈寶鐸聞十里者哉

傳經書院引

向大觀　邑人

農不有畔乎不十千耦乎工不州萃處乎不肆成事乎彼其庚廩謀目巧營也且若是大千人而俊小百人而

又其自爲之所孰與比詹詹者知之何術言笑則群居
敬正業則渫去也書同文字日所當洒然振變者君矣
王公来治我土之四年綱目張舉政清民和其明年
天子當出知貢舉大比士于鄉矣雅志經學謂綴文之
士思以文章罷其身顯聞于當世必經義修明博物洽
聞通達古今乃可補世用議築傳經書院十孔衢故漢
時儒者達高才生時時受學其地邑人士蒸蒸起將無
治易精天人如王輔嗣妙年蚤器于何吏部尚書者治
孔壁上蝌蚪古文將無官還太傅受詔撰論説不爲章

句破碎如夏侯勝者將無弱冠誦左氏傳及五經本文
綜貫其義天子勅蘭臺給筆札使作頌又詔令撰齊魯
韓詩與毛氏同異並作周官解故及他古文異同如漢
衛士令賈逵者惟胥宇之墨未食卒役之鼛未興脫大
今之俸錢無以居土司空無以居土司徒殷殷吏畜言
之大觀等僉以議上曰
今天子崇重教化侯以經術倡士類遴選其時茲邑人
者疇為伯已疇為什已疇為若已敢不先后至捧書杖
以朝于門下至請席之何嚮此邑父兄弟子事不敢以

焗執事侯曰邑舊有陽春書院非若先令李公遺址乎大觀等復議曰作始者必謀其終今日大夫士作之即異日大夫士守之侯作之疇守之守之奈何請計曰固經有院有院其可無經乎有院有經其讀經弟子餐膏可無繼乎請又計曰三月之糧不聚宿舂其可飽乎梓氏之官不具賜札其可給乎夫傳經行遠使四境內外有所風示非剞劂不為功人知名義之傳則慶節重慶節重則利祿苟且之徒不歲而自去矣之所以慶立百世者將與潛土亘綿邈也今日土田塾腦一二父兄尚

禾稼之地而人人歆神之惠于無疆也則侯之澤於潛者大矣祭法曰能捍大患者則祀之侯褫曹落吳既殁而精英行宇宙拯弱扶危翊運濟困往往人能道其事是能捍大患者祠之立豈虛哉既成而幕僚曹公懋卿石若千太倅劉公啟葉具什器曹四川黎州人先世籍新安劉四川成都人

壯繆侯雲長祠記

歐陽栢　邑人

侯大節磊磊雄勇冠世自縉紳先生與里夫巷婦稱述不去口實自都會至四方井聚鄉落尚其像而祝之漢

建安迄今三千餘年猶一日也夫侯之始也心知吴爲漢賊奮然絶其婚罵其使而不與通吴固欲毋心於侯矣以昭烈之明孔明之智計不及餝無備爲侯聲援而令其武功不就隳遜蒙之狡謀此非人也數也數雖奇而其節槩雄勇聲施後世不隨人與骨而俱朽焉直菴劉君爲御史以剛鄭著聞歸田以來每坐起修譚侯生平又嘆陳壽誌侯而事多畧夫亦與侯臭味相似爾頃爲侯建祠城南祠與贈公神道碑東西相望御史過侯祠則起敬過神道則起孝起孝仁也起敬義也仁與

能供億惟侯一指麾使世世倚干城耳何肩膺新木々
為侯曰若議果是乃告諸我土若子孫姓氏于東手喙
其金數共對揚我侯之光命

自祭文　　張承宇　邑人

崇禎己卯季秋之杪張子以其將盡之神攝入將幻之
軀存物以神告其物曰天之於汝有意乎無父母[illegible]禁
乃遇於吳越人為媒以誕此軀孕於母腹十四月餘迺
娩厥身五歲而孤十歲自命何誇何愚顯則稷契隱則
巢許逸氣翩翩棄翰栩栩三十不第決意遠舉神情々

達烟雲吞吐十有八載不出不處聖主徵賢良朋薦、未肯輕聊尋其故步再事棘闈舉而仍錯人欲困之天必欲錮汝病既深汝形將去物無不盡行無不任一恨所學十未得五二恨帝京自所未覩三恨城市有負林嶼我視此天於汝何酷凡世憂苦無不汝遂自幼至老病骨孱肉水沒爾田火焚爾屋但見汝咎未見汝福生如斯人如斯已乎已矣已矣付諸千古

自撰墓誌銘

喻曉邑

釣叟姓喻氏，名曉，字子義，別號覺菴。其先綿州人也。祖諱武勳，父諱經翰，自蜀如楚，過潛江，見俗醇土沃，遂家焉。母徐孺人生釣叟。年十四補邑庠弟子員，三十六領鄉書，三上春官不第。年四十三署浙江嵊縣教諭，甫越三年，陞山東海豐知縣，兩受簡命，知愛民好士，不善奔競，以論罷歸，欣然解印掛冠，作鸚鵡喻。歸田之日，年五十矣。有別業在泗河上，日垂綸自娛，與漁夫爲侶，鷗鷺爲群。性嗜酒，喜吟詩，作歸來草堂紀年稿二十一

明府性南王公以儒學諺舉鄉飲嗣是杜門謝客
城郭蓋十四年於茲矣釣叟無他長惟視死生得失之
際泊如也萬曆乙亥營苑裘於泗嶺與胡孺人同其穴
建小坊於前自題曰止丘今年春秋八十有四噫
之似壽安能以於人間世耶一日坐友崔亭吟小詩一
絕云竹裡編茅遠俗塵日將琴崔自相親已知垂老身
如客漫向林中作散人吟畢呼酒而飲因自撰為墓誌
銘曰富貴浮雲于我何有寄跡江干樂而且以長咲而
歸死且不朽

潛江縣志卷之

邑人朱士尊輯修
男載震編次
後學李世儒校正

藝文志下

詩

詩豈有當于志哉、曰十五國風耶、十五國志也、詩亡然後春秋作、詩固史氏之鼻祖矣、夫史有美刺、志何敢刺、惟詩則發乎性情、託興良深、故可以仳離偪仄寄諸紀

述雖感慨沉鬱而頓挫淒長美刺寓焉風人之遺董狐之旨也若夫贈荅題咏祠廟園林諸什必採掇彙列則亦如職方禹貢之纖巨悉載而于方域內之景物人情文章騷雅毋之或軼以俟軒輶編末綴以閨秀錦文楙頌史不廢書又何憾乎不擲耶

紀述

漢水傷稼并序　郢州刺史　許渾

此鄉雖自夏無雨江邊多穡油然可觀秋八月天清日朗漢水泛濫人實為災軫念疲羸因作

四韻

西北樓開四望通殘霞成綺月懸弓江村夜漲浮天水
澤國秋生動地風高下綠苗千頃盡新陳紅粟萬廂空
才微分薄憂何益却欲回心學釣翁

漢水　蘇軾

捨棹忽逾月沙塵困遠行襄陽逢漢水偶似蜀江清蜀
江固浩蕩中有蛟與鯨漢水亦云廣欲涉安敢輕文王
化南國遊女儼如卿洲中浣沙子環珮鏘鏘鳴古風隨
世變寒水空泠泠過之不敢慢竚立整冠纓

花封隄爲縣丞李鏞賦二首　文信　黎　淳　華容

隄抱花封十里餘漾庭有吏善河渠遮闌水潦爲城市
驅遣蛇龍放澤菹惠及人民裨國政名同草木載坤輿
便應採入新圖志特筆留教太史書

其二

旣道沱潛文作災惟君今日獨興衰人誇少府多能事
我愛朝廷得治才保障千年形勝在桑田百里畫圖開
四民安堵樂生業會見恩光早晚来

江漢歌五首　學士　童承叙　沔

沔陽之水接灊沱撥槳仍銜三箍波行吟詞客遠遊
臥聽孺子滄浪歌
荊山郢樹照南洲江漢滔滔天際流神女不來雲雨以昏
騷人一去蕙蘭秋
漢水西從嶓冢流蜀江東連雲夢洲有時蛟龍鬬風雨
恍惚疑是楚王遊
清江抱村村樹齊水風不動浦雲低嬌女刺船溪港裏
聞歌只在芰荷西
漢水東連吳楚中陽翟賈船呼北風船頭帆擁浪花白

柁底纜牽菱葉紅

潛江憫澇　　文忠　張居正　江陵

水齧平隄沙岸迴野田空見荻花開江濤挾雨秋仍壯
燕鴈銜寒暮獨來歲晚風霜欺客枕夜深燈火傍漁臺
悲時亦有江南賦愁聽荒城皷角哀

潛江縣阻雨時奉使交趾　　文恪　魯鐸　景陵

連日南榮足雨聲朝來猶未見朱明親闈引首才三舍
王事驚心第一程文錦被寒迴短夢素琹絃澁負長淸
客懷自與愁相值曉鏡真堪白髮生

過潛江感事

沔陽知州　袁福徵　華亭

州縣徒勞歲募功　漢南分輔憶朝宗　沿江父老悲秋黍
新水樓船宿暮鐘　竿牘千年增縞鬢　饑荒連郡動華容
荒城頹寺餘閑戀　媿闕流亡謁九重

自潛江登舟詣景陵

參議　楊琚　泰和

纔罷荊襄馬上遊　寒風却棹沔陽舟　蒼波碧浪三灣晚
白草黃蘆兩岍秋　日落櫓聲驚宿雁　月明茄（於）韻起眠鷗
榜人欲識甸宣意　王澤應敷廣布流

舟過潛江白洑驛即事

楊琚

日斜月已生，一片波光白。風氣入夕加，濃流響瀨潏。卸帆買魚舡，投港遠歸客。隔水聞漁歌，數聲天地容。

巡按至潛江偶題廨壁　御史　顧豹文

明星照征騎，嚴霜覆廣野。我行敢自逸，先民矢夙夜。

前屯營隄歎三首　潛江知縣　王又旦　郃陽

四月怒濤高，奇相亂南紀。圻岸無餘基，茫茫盪風水。奔亘入渺漫，樹杪躍魴鯉。沱潛稱澤國，民力素窳皆。至今千里外，道路多遷徙。嗟咨詢失計，忌醫養瘡痏。遂乘三冬涸，驅策薄修理。總總饑寒人，挾畚到江涘。斟酌啖飣、

糧袒裸宿荒畾殘黎能幾何性命賤如蟻

其二

漾水注東南勢危如建瓴蟻壤啟禍穴汎濫擬東溟鄗人寡聞見祗役始揚舲登城肴江皋上下照列星西北多崇山巑岏　望青或言移作障永使波濤寧愚公頑力堅神人亦有靈此策無乃奇荒誕不可聽

其三

一日築一寸十日築一尺校計尺寸間民力無輕擲北風起枯楊凍雷黷沙磧非不懷偷閒長吏有促迫防舟

不惜衂防馬不惜軛嚐爾河伯心堅忍有如石

民居今已壞　王又旦

民居今已壞民力誠可惜如何桑柘野三年為泛宅南郡方全盛此地屬沮澤高氏與花封五季時始築高人花封諸隄旋築勞區畫一自城斗提蓄洩寡良策金錢委蛟鼉穿竇走蜥蜴里人狎駭浪冥然卒被格有如抱貞疾偷生戀茵席小吏議防禦莛撞亦何益無能叫九閽瀕仰愧夙昔

決可塞　王又旦

草枯水涸決可塞大吏小吏齊徬徨策馬驅車蔽原丁
議定皆云事已臧是時凍合天地閉大雪三尺同雲黄
有時霰下大如雹懍慄當是陰搏賜役者一百四十萬
挾鍾欲舉不得將無衣無食何能存麕集須叫徒倀々
或云此地有龍湫不遠五里當祈禳時迫從俗且尚鬼
奉以美酒五木香有羨盈登粟滿豆沈璧色粲如截肪
祝曰康熙八年夏此營失守罹禍殃老飆轉徙樹木拔
極天搖漾波濤光值茲農暇捄版築役人皆裹百日糧
雪深見雪不見土十旬黯黮雲低昂爾神靈否來應之

無爲徒與鰍鱔藏宿留波起如人立龍湫龍出遠徊翔

荅言此事乃天意扶顛當知策須良河堤逶迤一千里

龍身豈有千里長滔滔千今萬斯年喧豗久已困荊襄

南紀有山不足用西北徒攢如劍芒若遣五嶽禦四瀆

諸峰以次羅成行如何偷安在別域闌皞無益失紀綱

請觀天河南北流衆星亦在水中央古來任人不任法

漢武封禪塞宣防嗚呼神龍言止此郢南何日安耕桑

雨中大水決隄聞王幼華又旦明府奔走隄上憂

勞已甚詩用相寛

孫枝蔚 三原

卑濕潛江縣終朝雨滯滛陽烏常失意神女定何心詎
有蛟螭撲堂無燕雀臨表真披五月壺果值千金隄決
隣相報途窮我自尋老看江滾滾愁益病涔涔列子未
能學（鄭子陽輸粟于列子列子不受）武城良所欽故人百里宰新罷七
絃琴但想觴祖詔如聞解慍音箜篌歌易就精衛力難
任夔詡浚濤險（前數日劉華為余述夔頗以大水決隄為慮）憂其簿領深流
離悲赤子佻達憶青衿貧苦原從昔勤勞直至今高才
一作吏那得更狂吟

雨中聞水漲遣悶二首　孫枝蔚

陰雨何時霖蛟螭横作威蕪秦金已盡阮籍淚常揮白髮愁中滿朱顔病後非連天惟漢水心怯敢言歸

其二

五月寒如此風聲怒水涯楚天疑有漏澤國半無家浩嘆樓中客長嘯廟後鴉石榴太輕薄屋角編開花

漢水　孫枝蔚

江流潤南紀漢水滯東歸已報長隄決還愁小艇稀黑雲朝不散白鳥夜難飛夏與冬無別何勞製葛衣

後屯營隄歎三首并叙　王又旦

歲戊申、漢水決潛之屯營灣。十一月興築、余從作詩以紀其事。時荆人郢人議協築、郡縣會勘互有推委、各持一論甚堅。工既興、屢促荆人不應。至八年四月二十九日又決、而荆亦為魚矣。此隄數年已三潰、因悼居人之逃散且弃成勞也、作後屯營隄歎。

四月晦北風急，十日淫雨地軸濕。堤上人家愁相向，渺瀰一陷嗟何及。須臾圻裂雲散亂，蛟龍震怒波濤入。搴茭沈璧吾不能，低頭望淚江頭立。

其二

虢屏乘勝白日伏大麥萬頃看將熟欲穫不穫付馮夷

老蛟得意上高木嗚呼一堤潰三載有田不勞植嘉穀

流亡獨厪官長憂今年隄決無人哭

其三

漢水渶漫聲亦太郢中荆南共利害前年爭論何斷匕

養虺成蛇理已昧遂令兩郡值百罹坤維震辰鼉龍會

請君試登龍紀山平疇到處聞擊汏龍山紀山在荆州

水上呈王幼華明府五首

周廷彬　邑人

漢水自西下堰檢偉東折艮岨坎勢窮峻崿百重絶岀
險潛洄合竹箭迅飄瞥至此山將盡怒濤易奔決上潰
下則墊同災宜共斃波豪忽吞噬國小易峻蔑版築委
一方殫九薪石竭及其再潰時彼此皆魚鱉皇上我公
上至仁伏教禁脩折令則爭功成肆懌悅

其二

當年沙洋潰皓盱殫千里江陵張相國已溺以為耻泚
玉峯長茇功成比瓠子晏然數十年春崩將告圮賢哉
二千石馬公（公諱逢皋）斡其否楗石築危岸至今巋然峙雙

閤亘天中宣房差可擬

其三

清惠林司馬（公諱文學）蒞事凜冰蘖往時黄灣口數里悼溟涬公曰時予辜黿俛瘵眠啜介下懽聲動萬杵雷奮擊役曾不踰時功與沙堤埒億兆歌如雲兩賢躋峻列仝茲復逢公前後合芳轍

其四

潤下稱坎德朝宗紀水治龍門河渠書蘭臺溝洫志古來重其職京縣理無異王臣融畛域況乃皆國事儲胥

與民命俯仰于斯寄矣公復矣慎底績萬年賜

其五

田下水身高奔注如騰驤人力與之爭兩岸峻隄防一區防一區人自護其疆澤國誰昔然古謀豈不臧今云保門戶家室委懷襄耒耜載異縣睟瞻懸故鄉正月尚作鹵三月桃花浪止者行復流亡者復何望溝壑不足恤殿最亦可商君門遠萬里況乎階與堂君子方得輿庶幾達降祥

隄再決八首　朱士尊　邑人

餘生當此日幽憂遂終始逸身本無技牛衣泣妻子蚕
知虧一簣何如一簣止
豈不適樂郊何處覓安宅記自戊戌來家亡廢稜樓謂
復計三秋今已無二麥
猶然古嶓冢浩浩至大別猶然昔潛江赤子化魚鱉拯
溺當有道胡為罪蟻穴
野雀動成羣息羽簷邊立怪我廚烟冷詫我聲於邑與
爾共長饑羡爾無傜役
習俗謀生計精神田宅委豈知賴衣人盡是紈袴子嗟

哉連阡陌在在蹋人髓
年年事版築窮民趾欲穿河伯何太侈易視此金錢金
錢輸在官兒女已各天
東流何日盡搔首向河潛谷陵非無意滄桑應有期寄
語布穀鳥農夫已流離
四野炊烟斷淋淋雨不休柰何當夏日凜凜似深秋子
遺尚不念視民知蜉蝣

屯營隄歎五首　　朱載震　邑人

晦色凝羣木零濛連曉昏颷發催急雨雷電相追奔老

蛟挾怒濤滾滾上高原砉然坤軸裂極目巨浪翻瞻望隴與陂瀰漫類胚渾顥屋息游鱗盤渦狎鼇鼉累土難為障下竹難為楗吁嗟流離子千家幾人存天未憐此方理勢安足論

其二

蕩激如觸山汜濫疑無地白日照四野高天但仰眎脩築冬徂春豈謂失預備力役兼力耆農人形神顇引領冀麥熟將刈無一穗秉鉏空在手安閒及健悖毁聲向水涯毁罷轉長喟聖人有遺訓進止在一簣由来蟻穴

儆足爲成功累

其三

漢水東注江委折亦何紆荆爲沮洳地潛亦藪澤區長隄百餘里一簣皆足虞兩兩勢相倚害豈獨潛陽歎薄走鶩湍陸沈秪須臾有田不可耕有賦日以逋如何逞異議致令驕天吳潛人憊已甚荆人何其愚失計嗟莫及負手立踟躕

其四

湯湯悼河廣浩浩揚碧波平明無牧唱中夜有鳴鼉昨

拾壠上延餉饁互答歌今聽斷岍雨相對歎無家黑雲震將合大風捲白沙饑烏向人啼長林無靜柯苦樂易倏忽為時曾幾何還念版築勤積土高峨峨一尺既不成千丈未為多安得移山力轉石塞岷嶓

其五

剝極竟不復慨焉發咿嚘廿年無樂土獨立悲荒丘方幸巨功成汙邪或滿篝寧知狂瀾逞不辨渚與洲合洄勢益猛海若走乎疇勞農生計盡辛苦蘗不收可憐幼兒女吞聲棄道周有郊應可念忍作他鄉流會看南來

雁勿渡稻粱謀

載震曰此王夫子試士題也夫子下車課士首經書次詩賦震從諸士後謬記昏墊之實猥蒙激之收後之覽者見數決之績惟夫子底成詩賦之試自夫子創始云

漢決京山　王文旦

襄樊潛滙瀦東下高風吹浪幾時恬百川之長背卑讓五月五日憂如焚二女擁珮手摻匕黑旗皂幢錦作幨乃與土德有猎嫵欺爾微弱較鈇銛山崩厓圮勢不淹

泝淪濱瀤驚觀瞻大呼其額無巨纖獱獺鯪鯉魴鱮鰱
六眸三足奉令嚴河伯砐硪衣襜匕漰濤澎湃意不歇
若通項冥威勢萬仍使神蝮肆詖憸掐屏鷖遂遺飛廉
望舒離虎警夜占長雲不斷雨霾霰十旬茫昧烏與蟾
地軸圻裂如縞縵泣訴于帝乞光炎帝曰彼勢不可鉗
奔逸不異馬脫柑郢南灾祲日益添
有田無歲不蒼蒹修築徒勞邑中黔
五才適用亦互殲嗚呼其苦在茅檐

逯趨　四言

王又旦

時患疾居隄上

趢趗趢趗滯于潦浦十日遘疾有懷自撫塊鞠而宿倚人而傴不敢告勞猶行中野繁思無方其紛如縷矻矻搰搰亦莫可補荆棘刺天卒路伊拒相彼詰曲手無利斧譏譏之言孔多于下不任我力實來衆煦求甘食蓼不如種杜庶幾旋歸志在林莽

河上謠四首

劉璇 邑人

昨夜決河東今日河西潰三冬謀食役且耕都在别鄉

貧纔得隄成麥始黃一穗不得刈

久謂他人昆久謂

他人父使君温語招我歸念我流離苦不如生別在他鄉淚迸落乾土　河水難充飢河水難充税不忍逋逃負使君點金殊無計綏使行善及枯骨汪洋何處瘞

急流高一丈白沙淤九尺黿為洞兮蛟為宫瀦我田與宅我生胡為丁此厄愁死復愁役

多雨二首　王又旦

彌望陂塘滿冥濛二月昏神龍驕不去水鳥散還翻烟冷全無食籬踈半閉門聖朝憂害稼執政肯輕論

其二

萬慮惟搔首，哀歌意更縣。高天如有漏，積水縱無涯。野宿蓬枯蒂，朝飧傍蔣牙。宸憐防潦漲，版築數千家。

塞白湖　王又旦

塞白湖，六月三日河伯怒，河水直下一千尺，堤內堤外無乾土。負薪兮薪不屬，舟船不敢近兮乃停于滸。斬茅根兮為棲，纚纚微弱兮難撑拄。田中皆有十老夫，十老夫飢餓自朝至日昃，撲之不畏，仆於路側。白日西含將昏黑，波濤一夜安所極，噫吁戲，白湖迅流何時塞。

五月憇于堂　王又旦

慙于堂不能退食于室也

傾澝晼未歇城柝無多晷憮〻我何心竟夜頻坐起昒

昕灖日動胥隸侍如壘簿書自回亂倉皇昧憂喜巫馬

庶可學伐檀夙所耻平疇走天吳沉溺到稂秕荒昳蘄

寬典時艱未堪拜王事重轉輸曹責豈得已展我蘄州

簞欲戀還復止薄俗善謠諑紛〻無一是中懷誰能知

請諒荷蓧子

丙辰大計爲含沙所中量移而歸途中口占十首

遺潛知己

潛江知縣王念祖 武進

棄置何須問，拙尤早自知。大都用我法，總不合時宜。民事痌瘝隱，君門道路迷。微臣心匪石，百折恐難移。

其二

出山各有為，吾意在蒼生。飢渴真由我，憂勞豈愛名。初心能不負，去國亦為榮。所恨時多難，三年績未成。

其三　榜余罪者以開泗港為首

漢水分流遠，皇恩賜決排。以嘗奏旨開故古今詎異勢。昔以景民告開，今以景民議塞。遠近故相猜。啼口終難掩，泗港故道而欲塞癰瘍局任開。趙林決口而不築讒言別有為，實豈剥膚災。

其四 以寃盜沈希望為罪之二

萑苻頻受警，吾計欲擒王。餘黨開三面，清謡滿一方。情經百審定，勢挾萬金狂。狡兎誰為窟，鷹鸇又見傷。

其五

三年甘況瘁，兩事換平生。未當遷人罪，翻成戇吏名。憂兼勞可惜，心與跡俱明。去去吾何憾，飄然兩袖輕。

其六

量移炊未冷，慙負上人知。推轂情方切，院司道府一時無不謬舉者含沙事獨奇。大權誰得假，公論竟難持。司府力辯不解破缶何

當惜能無世道悲

其七

倔强流俗駭謡歌楚人風竿犢胡相絶交遊盡稍通民情差不負身計實非工莫訝悠悠口唯然道合窮

其八

丁時吾獨否作活水波中僅免亡溝壑巡歷隄壋幾沒者再長驚聚蟻蜂大盗時有報復之謀共憐投吏網自謂脱藩籠欣喜生還日迂迴路未窮

其九

平生羅百變似此政尋常身外功名幻塵中歲月忙清
華原夢斷閒冷亦途長誰解狂生意開籠放鳥翔

其十

一行爲下吏樂事總相違詩酒情都遠湖山夢到稀浮
雲迷白眼行邑變緇衣自此菱溪上茆茨且息機

大水歌　歐陽烝　邑人

水不舍和彝傾注下遺天吳非帝怒陰陽回薄自無心
萬物遂云爲我故土偶人兼木偶人相惜相嘲無是處
蟻子浮沉杯水間世界寬乎了未悟禾黍芘匕給甚須

已生已養農夫悞點漆丹砂結實療豈肯區分勤愛護瞬目張喉関五行儒者紛紛爭理数有人在下我不轄幾日平章課失度歎笑不得泣不可怨之不敢執敢訴水火刀兵刼等耳殺人如草誰會恕開落還隨陌上花沾濡亦有枝頭露遽然大覺仰視天白鳥漠漠飛過田

老農嘆　　歐陽玄

老農見客不暇哭牽我衣裳語陸續此身幸免走踆踆有室依然如轉燭我財雖等官家財官家取我無時足江邊小艇泣明月肥牛原上戀瘦犢人出公門意氣驕

近之不敢矧敢觸愛惜田園亦等閒訟入公庭那得出
此方之人何苦辛此時之心焉係屬笑而不荅我心苦
呼兒掩門聽我語兒驚反走掩口啼籬頭肅肅來風雨
一樣南人面貌同學操北音咬似虎群鷄亂呌飛上樹
轉手縛鷄鷄喧怒主人塞默無顏色亭長牽之使出户
氣息纔通言未了抽刀亂打聲無數塘兵月米持大升
官兵曳船要夫去

秋田歎　劉肇國 邑人

禾苗猶在田借貸輸官税積雨失堤塍占天猶望歲風

飛羽檄馳星速軍需繼奉法論浮額急公增協濟隨時巧立名頭會非常例所額西成時水田猶歛穧詎識馮夷心漸為氾濫勢蓬簷浮芰荷一望天無際餓殍復何言幸生亦累贅負逋不得償取索方無藝水面扁舟未里胥色甚厲單行急預支官長秩雙皆入市早為謀勿致相連繫館風無一言望若揮長涕 時宰邑者歸海葉公諱臣遇

宰豐縣有兄弟訟者會其毋以貞節當旌書此諭之 見徐州志

李崇信 邑人

五倫有夫婦長幼非細故一為拗所移骨肉永弗顧從

一以俟死子然見裙布北堂嫩儀型勿俾鬢眉惡

巳卯秋闈昌吉與子增姪琦環同雋楚王公謚賜

誥先德助席賦獻　　劉昌吉邑人

明問恭承傳內使焚薰拜手倚宮擔徇公職父前廷尉

許國臣兄古孝廉家世敦官生事少詩書奉教力田蕪

自惟聖主賢臣福大承指靡意所收

、

癸未舟中聞邑人歐陽昀嘍燧罵賊遇害孝廉朱

符禺士完以不欲辱賊死　　劉昌吉

舛生大義抱孤城吾鄉欲傳未死名官起尋經差不辱

謂昀嶁材高異等章相成謂符禺血流數斗文章在氣盎千

异海嶽清會向冥途修世好通家慰藉各分明昀嶁歐陽觀泉

公子早孤父事先中愚先中愚教訓之以成符禺之先人亦先中愚弟子

遷吏四首并序

劉昌吉

康熙甲辰五月有客自德興來取道過我起我病中傳次兒璔到興七人感念舊署吏仁賡無遠近匍匐來迎且怖且哭前後絡繹不下千百餘人方議為代償所受罰積歲逋糧俸計五百餘金時仝郡上官点有坐此受罰者責興七人

死不應獨殫力樂輸為舊署令補官地今且自
興東載北道矣余聞此語亟謝客頗色喜然且
哭我西江人能感往事醵言錢敔行古道若此
容去後尚疑之越日家報至確有如客語因漫
成四絕句非敢為遠人溢美念其不辱我清慎
家聲用貽羞祖父兼以傳告後來者

遷吏從來久處難權輕怒重謗無端殷勤傳爾民情厚
較甚初時舊愛官

可憐公道近惟民恩不能忘怨卻徇如客所稱群戴擁

始知官不厭毋貪

受罰寧非出彼鄉民難代贖敢相商多金傾國交孚勉

況更今年大苦荒

行時曾憶畏壘郊前去興時余亦同出興如覆慈烏毋脫巢待罪

來時何許事歡聲帶淚泣鳴梢

西山三首　并序

劉璔　邑人

康熙甲辰夏六月霪雨連旬軍興未輟既腹枵

于輸輓復膳落于追呼漫成三章聊用紀事

干戈爲夢菜爲顏呑紙終難禅食粮楚國悲秋惟宋玉

漾庭雪涕有君山雀彈未厄非珠墮廐馬誰云與璧還
不是弦聲驚隊羽瘡鴻原自怯虛彎

其二

盤溪歷盡此孱顏驤首雲中陟步艱半夜走燐催急雨
一軍傳煦欲漂山但聞河漲涙無渡遂使征人去不還
聞南陽河水漲運夫溺者無算 太息哉生經兩朏茅簷不掛一輪彎

其三

何日相逢一破顏天心此際倍多艱未容狐鼠潛秦地
又見欃槍照楚山西寇李闖之裔石燕每思將雨至土龍常恐

帶珠還荷鋤從切同仇意鑄得金弓不可彎

西山次劉聲玉增韵　張緯之　邑人

暑雨何闌悵阻顏邊庭供億轉輸艱負村黄水愁通屋僑旅穿珠淚過山數户残丁惟老在幾家孳田望征還泥零負弩傷孱弱為國寧辭借半彎

西山次韵　廖燧　邑人

黄金雞鑄一愁顏藉照茅廬海日艱圖寫流亡朝北斗陣開雲鳥駐西山田間點點波瀠折雨裏紛紛撒往還生女鶯來輸國賦何曾出閣借弓彎

征婦吟四首并叙　朱士尊

甲辰春二月圍丁亢西征運夫秋盡未還哀其婦之哭也作征婦吟

桃李初華郎遠征蹉跎霜葉又含英筳篿難卜歸人候蟋蟀誰憐永夜聲廟筭未陳平治策將軍空築受降城無端頻向江干望但見天邊雁字橫

其二

傳聞水漲南陽河郎渡河當未漲應天子英同漢武帝將軍勇似趙廉頗三年介胄思歸馬四海瘡痍祝止戈

偏得瓜期人蚤代還家教妾唱鐃歌

其三

思夫千里罷鳴機砧杵聲高月下暉老至難充周爪士人來不寄蜀當歸可憐西去無東作又聽秋殘著夏衣昨日凭橋臨水照不知首上已蓬飛

其四

送郎和淚渡西陂膽落農人伴虎羆縱過豐林難避暑可憐買米不療飢頻看白骨埋青嶂遂使孤衣泣豹皮介士尚須堅百戰窮蠻猶未建降旗

流亡歎　　李世儒 邑人

側徑無停輪，危巢有迅翼。吁嗟彼流人，一去不回惑。黄鳥良頗違，北風亦心惻。蹲鴟大如斗，聊復緩飢色。東魯有遺俗，尼父重去國。周道倘雲散，避地將無亟。善學柳下者，可為智士式。

贈答

贈南華翁林予山　　畢瀚 邑人

兒童聞說予山名，將謂先生是古人。海上偶經仙洞府，岩前猶見亞精神。南華久徹逍遥夢，覺寧重來自在身

携得新詩天上去不教辜負到全閩

按陳子真捫蝨新話載畢狀元漸使福建日嘗按部過羅原時南華翁林子山致仕居南華洞年已八十餘以詩送之有當年春榜首傳名对御如君有几人之句畢公和贈此篇人言畢狀元首日如畫詩詞流自清拔予兒時人多誦此詩至今父老猶能誦之今青瑣集中多載當時諸公贈子山詩而獨無此詩故記于此以補青瑣之闕公濟人也自濟為新邑舊諜散亡公之文行遂略不可考爰閱別帙得鄧林一枝

用冠贈答之首

送初幼嘉言芳廣還潛江三首　張居正

燕子重來二月初翩翩已意氣曳長裾金門未獻甘泉賦宣室何人問子虛太乙夜然東壁火天池時化北溟魚乾坤歲已浮春色環珮相將侍禁廬

其二

黃鶴樓中憶舊行白蘋江上此離觴天邊日氣殘鵜鴃帝里重華照鷫鸘燕士送來先郭隗漢庭那得老馮唐思君何處堪情切草色青已滿建章

其三

秋深鴻雁落汀洲嘹喨西風動客愁月下綠尊同郢曲

天涯青眼對吳鈎蕭關笳鼓驚寒柝澤國芙蓉念敝裘

愛尔明珠羅萬顆逢人莫向暗中投

送張少渠師載之鄞

張居正

客路悲千里旌旗指四明風烟連澤國秋雨緩王程遁

雙鳧遠翩飄一鶴輕碧雲搖落候相送若為情

壬戌七月既望初幼嘉陳子嘉過訪次韵

張居正

壬戌龝光與再遊紛已凉月玉飛浮關中寒杵星河動塞外清笳几席秋二妙相過憐北極雙魚寧惜滯南州狂歌嫋已天風發未論當年赤壁舟

讀易山房贈李瑞塘鳴并叙　忠憲　高攀龍

歲己丑攀龍與公之子之鍏成進士同出儕崔趙師門而之鍏甲之因知我公少以宏辭省舉第二入九上春官不第今于西鄉攺卒人和己丑三年考最過拂衣歸迺搆山房讀易其中自

號易山主人充然自得也慨彼熙攘沉湎迷途
世短意長悲共故吾若茲高躅維式如玉景行
之私情見乎詞
止足身方貴遺榮道所珍李公才不世未老臥江濱早
歲看藏豹文場羨獲麟貴雲高欲掇白雪調誰倫時論
推宦鼎何知後郗詵廿年埋繪藻百里歷經綸彭澤門
惟柳萊蕪甑有塵訟庭喻鳥靜官舍落花春羨彼方馴
雅高情忽憶尊結茅當翠巘開户遶青蘋楊子玄經奥
孫登易說新書聲清薛荔翰墨長松筠無意車馬非閑

慕隱淪素心安伏桃聖世許垂綸已見芝蘭秀寧須龍蠖伸郢人湖海吉靜者性情真一室全吾道三湘得此身道遥叢桂裏好植百年春

送柴慎菴恪入計時令無錫　王稱登太原

仁風三載遍梁溪陌上甘棠蔽芾蔭馬首河山三晉北日邊宮殿五陵西政分宓子琴中治名共田郎柱裏題二月春風歸及早蒼生何限望雲霓

天啓二年卹典下柴慎菴先生得贈璽丞讀令子如卿吉卿所示仁孝錄聊用志喜

夆人　譚元春景陵

六年清白吏，幾日部郎官。遷客遭何偶，明君報已難。九原懷侘傺，三聖事辛酸。簪履存前詔，綸綍煥後觀。精忠依廟社，魂魄肅衣冠。榮彼墓邊草，羨君堦下蘭。有情陳小疏，無事客長安。五色雲交覆，焉知薤露漙。

留別李鶴城　庚

工部主事　高道素　嘉禾

未忍辭君下小艭，支頤聊復話殘缸。逐山有夢翻驚別，解纜何年得再雙。我去懷君仍客路，君留憶我只虛窗。春夫青眼知無處，明日輕舟亦渡江。

東莊老農者李鈞城庚自號也余去潛之日賦此相別　潛江知縣羅萬象南昌

潛邑東莊有老農老農出處殊從容桔槔不肯爭天巧穮蓘嘗教補歲功予與君交五載許平居議論生風雨今日臨岐灑別時欲君一語君無語赤血中原化土塵知君默默咲癡人東莊便是桃源洞他日漁郎來問津

贈柴夢菴　一真明府被謗去任　高味絃頴上

歔欷世事不可測紅日可袖玉可嚙腹甲之口逞雌臆倏忽白日天為黑我有龍泉不敢殛吁嗟慈父遭鬼蜮

頻使甘棠少顏色，安得上方剪頻勝中山諺蒸不爲志。
明月在望懸南国

自承天進船暮至潛江寄鄭舜符　高叔嗣

漢潛兩聲溪日暮愁客心楚山雲霧多其奈客行何時
時登岸攬風物往已張帆去超忽浃漭江流雨止添篆
茸春樹日催發茲行豈是乘桴意欲遣虛舟隨所至生
平本自江海人終朝遂諳魚鳥事投杋卿国報所思拳
芳欣及仲春時傾忘異国芳行役但嗣同心蕨賞則

潛江贈鄒凌玉督李四首　時誠士于潛

進士曹徧昌　麻城

南紀風流大力扛、採幽香必向潛江、傳來衆法矜偏兩、湛身瞳人剪一雙、賴汝驂芳英領袖、許予曹亦僭為邦、荷蕢曳入殊無狀五月梅花別樣腔

其二

玉粲箋已未足收容心懶得到荊州欲逐伏月逢秋水要上屏風提鄴侯花裡過風開咲已人邊看壁火愁已當年曾有江南曲許附旗亭一坐頭

凌玉身予同江南詩社

其三

北海童聲佛慧胎（浚王曹李神童）蓮華暫借斐然哉雲雖戔白君還綠鶴又飛黃我一來紅玉孺顏非冢相冷松蒼骨作僧猜大隱先後驂文武都上龍岡蓋鬱哉

其四

為覓君談略簡書長楊一絡賦何如清當水鏡寒陽照涼透荊山玉汁壺可向音邊憐土操或從論裡識潛大園中不知繁桃李多少高陰在竹格（末詠為招隱也）

舟次潛江策口不即晤劉阮仙壑园太史寄贈三首

舉人　王一薦　黃岡

曾沽秣陵酒行汲桐城水忻悲豈塵言醉醒無異理朝
梁　鳥飛夕沙脊令起幽石瀉名泉圖縈異說語房凝
賚釧輝堂陳筠管羡已非原憲家或是孟嘗里我意苟
不存錦衾化荊杞

其二

石梁影棠樹皎鏡騫檀帷千載有貞木松蔭寧畏遲離
焉在北洞濯羽音貽誰君子求今名小人效無虧歎使
迷蹤遠晦避量聽辭

其三

遥宦紀璽旗韶期挾良羽燭已梁間月西山暢幽亭寒
歲晏天末廬山蕭瑟雨北涉苦無梁萘塗賴神斧江聲
疑雪堂鷗雞發宮徵

過潛江再訪方忠能師諭廣文　全人　胡承諾　景陵

客舍一相見重來正惆然草平呦鹿聚沙淨浴鳧鮮赤
日燬清昊微風翼潛田斥帆如有意綺岸不須牽

大水後呈王幼華明府　孫枝蔚

年少長安得意人于今憔悴復清貧竟同飲穎山前叟
幼華行隄視水歸來益甚瘦　那識河陽縣裏春自從新隄詩更怨相

逢舊好酒須醇可憐常抱文書寢誰解輕裘覆爾身

舟次蚌湖寄贈王幼華明府二首　毛會建 武進

郢國東南析潛江入望初烟波三澨潤文物六朝餘王案稀留牘松舟但東書今宵應入夢境上有相如

其二

一棹輕鷗外居然到蚌湖溪光清欲絕樹色遠如無月湧荆山璞烟浮合浦珠故人还寂莫五字作前驅

送吳障留別朱偉臣 士尊 二首　王一翥

逢君如不識容貌世稀野辭君不忍從春晚當逢夏摘

花走侯門誰肯向鰥寡不記甲申年厩中無疋馬莫因
恬睡時墮却鴛鴦死

其二

吳障雖閉户徃塗亦見偶苟非貪富兒郎是浅昔友漁
人指潛浦曉舂當有臼姝勞擔負臣接淚糟糠婦有言
莫鏞石匕亦無人守披裘不顧問牛角子可扣

維漢

贛縣知縣　黄里　沔陽

贈王幼華明府也

維漢有潛維江有沱既見君子我樂如何　何川無楫

何陋無車匪駕匪游胡爲徐徐 山不能高澤不能深
山澤之氣膚寸觸陰 有碑在輿有典在册我誦我吟
未嘗間隔 我之懷矣云胡不歸敢以愆期負此良媒
夫子之惠群黎爲德子弟田疇是訓是殖 夫子之
守不遠其素匪茹彼柔惟剛不吐 夫子之文爲章于
天寘諸周行清風穆然 帝奏韺韶王陳遊雅洋洋嘉
言歙笙酌斝 載紀循吏爰重儒林瑟彼玉瓚匪楚之
深 野老所欣實維稼穡願捿一廛憇此樂國
維漢十一章章四句

君馬黄贈朱悔人載震　孫枝蔚

君馬黄臣馬赤形容各自好眼光長百尺耻遣衆口誇寧受鹽車厄秦牙相馬察馬形九方相馬察馬精已知斯人難再遇伯樂之兒焉足稱奇文莫恨無知者白雪陽春和彌寡世上千人與萬人請看君馬與臣馬

悔人工作古詩家僮能為鈔寫喜而有贈　孫枝蔚

常年爛醉衡門裏終日高歌灊水濱除却巴童相問荅新成樂府示何人

潛江李次山世儒客江陵携新詩見訪奉贈二首

鳳陽推官李世恪江陵

峨嵘花山路人傳國士名藏身疑啞虎避地聆鳴鸎一卷氷霜字十年風雨情當樽寒柝逼郵聽斷鴻聲

其二

抔將傳永夜樂欲過千春只此論文細何妨到客頻踈星摇脫木落月冷吟身無限蕭騷意同心署酒民

東孫豹人并序

莫與先邑人

豹人素不恬水嬉今稱客邑邱濤聲帀埤堄外

將無耕父輩作劇適爾耶輒再次王明府来韵
戲簡焦穫凴問我蠡湖舊主人亦得也
顧洄水溪跳沫白洄上釣徒心則懌安得進艇来孫公
相於角釣蕪角奕公性不狎水自然以奕易釣為我畫
給公爛醉釣磯側入船倒臥信所適蘆碕檉階三百里
水窗自呼聲磔格詩蕭夜誦警潛蚪陶家水仙如此客
公言只羡遺民之後官蠡湖祗役竟除舟子籍布帆破
家真兒戲或簪得昺難信易我聞此語亦且收釣緡罝
并竹雞捉莧赤澗有白黿六尺長自此任牿勿虛擲

水中思歸呈朱子偉臣　孫枝蔚

思歸不見路三叉皓首飄零苦自嗟樓上晝昏雲有脚
城邊橋沒水無涯出門欲化杜鵑鳥抵舍仍為含笑花
忍渴潛江今兩月揚州痛喫雨前茶

豹人示思歸之作次韻相留　朱士尊

久客應憐旅況奢此身泛梗浸何嗟三更梵唱通書閣
四面柝聲落水涯豈是枝頭聞越鳥遂從夢裏看瓊花
相逢莫漫尋歸棹江上鳴鼉正打衙

北塘觀蓮送孫豹人還揚州二首　王又旦

出城忽不樂佌別太匆怱送子臨杜渚芙蕖發北塘花葉淨紛披高柳亦青蒼酒盡不能飲因復覓野航舉步戒欹側命僕善扶將北人畏波濤乘舟非所長廣陵二千里修途當周防浮天有大浪蕩漾白日光

其二

吹澇魚龍高大地成渺瀰秔稻赴洪濤百里失新畬故人住三月脱粟飯無資抹時亦多術諦疾不任醫無材責班爾何以起華榱容匕吾不忍白壁實難為不然夏陽野終當（執）牛麋別君有所懷感慨生涕洟

留別王幼華明府　孫枝蔚

淹留澤國經三月，悵悵離情有萬端。宦味看君如蔘苦，韶光到我似更闌。水肥帆飽開舡易，楚尾吳頭會面難。惟伏鯉魚傳尺素，時時猶得問平安。

送王孝先念祖明府左遷還毘陵　張承宇邑人

擬向君門借箸恂，胡然頓起庾公塵。躬還吳下名還楚，罪在官中功在民。一郡淚隨千里水，三年息剩百花春。浮雲罷辱何堪問，可柰蒼生屬望身。

送王孝先明府還毘陵十四韻　柴一德邑人

真乜仕路等羊腸蔽日浮雲黯共傷最是人情多險薄
從來物理忌孤芳鹽車豈合淹騏驥枳棘那堪借鳳凰
暫返初衣無不可任成貝錦亦何妨棠從憩後堪留茇
蘭縱摧時未損香飛鳥漫勞誇葉令贈刀終擬屬王祥
一揮案牘吟歸去千里江流助慨慷薄宦有琴携作伴
輕舟無石載爲裝城頭柳線縈征旆花外鶯歌送別觴
截鐙此時辭父老鐫珉計日紀循良明珠掌上頻常解
綵筆山中興頗長聖代郎逢新雨露漢庭肯棄舊龔黄
古人四十方從仕夫子春秋正及强莫戀林泉家食久

佇期節鉞到三湘

邑侯羅仅菴萬象赴内召贈别　劉昌吉

治經作吏兩優游豈弟嚴威一座收蠹大何人窮掃灑
鳧飛誰忍倦遊留尋常花鳥難傳誦真實龔黄仕邑州
試聽韓侯新錫命彌天楚語改歌謳

維潛　劉肇國

送邑侯羅仅菴赴内召也

維潛之陽維漢之陰其衍濯濯其溪浸浸爰有褐夫行
歌負薪未見君子憂心殷殷既見君子和樂且湛　匪

伊憂斯水上顛連匪伊樂斯斯維草木之雲天萬畝阡々
百堵軒々彼君子兮終日乾々　沸々潛水潰及户庭
君子蒞正畚鍤如雲岍堰既成雉堞既興婦子以寧干
戈不驚爰相爰度入小人之情式歌且舞載君子之心
醜類孔熾師徒維騎河上逍遥供億繹騷有備無患
謂我樂郊既適我郊馬鳴蕭々小人則逸君子則勞
樂只君子民之父母邦國之光為臣為友寵命既加駕
彼四牡其轡既深其福孔厚童叟有口祝君子之壽

五章三章章十句一章八句一章十二句

訪默石子　　張承宇

清流抱短籬、細雨幽長晝、白髮主人翁、把鋤親種豆、

劉存齋為予言、潛江柴處士一鑾、年九十、道韻猶

長賦此寄贈、　安陸知府　李起元

聞昔使臣過雲水、皤髮親逢排奕壘、兩行林立皆鶴顔、僊侶儼然圖畫裡、比來劉子向余言、柴翁九十友東園、精光皎若冰壺濯、曾茹神芝吸露繁、有時執經能課子、有時含飴學哺孫、研思猶復通深渺、手援月窟攀天根、為問此翁何所詣、躡景崑崙方高懸、地行不无滿輪徹

河上風光偏閙霽世人局促服轅駒羊腸難陟路崎嶇、
山翁歸嘯常瀟洒、留得生来眉與鬢、閱歷幾經陵谷改、
伐毛洗髓存主宰、繼嗣翩然遶膝前、學道既成及親在、
向說燕山鮮比倫、江沱今亦有靈椿、我將憑軾諮高蹈、
寫入鷲溪獻北辰、

贈柴霞卿處士歌、

副使袁彭年 公安

先生今年九十春、屈指稜陵改元人、閱罷七朝丁改王、
炎嶠又見赤幟新、柱下乳相百四十、逮事高文上及秦、
先生之年未強半、已見滄海三揚塵、策杖高吟江沱邊、

何須蕉引始長年、有子賢豪竊宛委、孫又生子及曾玄、
移山莫費愚公力、且從衛武手一編、春初把酒侍清光、
鄭莊初見大父行、君不見荷葉如錢柳吐蘂、張緒南門
舞流水、恰是先生嶽降辰、膝前四代奏甘旨、沸聲裏
憶開元手書甲子又一紀、北窗一臥夢未醒、驟背太昊
何年始、

、南浦行贈柴處士、　　舉人　黃正色　江夏

荷生南浦小如錢、先生九十猶壯年、日坐高隄雲鳥邊、
行人閱盡千萬千、睛霽歡逢好顏色、綠楊淡蕩波光泣、

室中忽却携節出遠人来潛恰相及借問先生何以壽
少年彈琴〻是友種菊殷勤列差等有花黄白秋心守
兒孫箇〻催我老白髮雖添亦太早不知時代是何年
只覺逢君語言好今朝滿懷都是春塵埃人更一番人
我持岜山一藤杖跪進先生咲相向

霞卿先生潛之隱君子也年九十翛然若儕壞叔
中表此人瑞爾吾年友劉阮仙　肇國學士首唱
余亦作歌以贈　舉人　陶汝鼐　長沙

君不見興都自昔雲氣多老人一宿明江沱柴翁九十

神骨如鶴立、飲酒尚記康衢歌、平巾深衣譚太古、何凡涼風之山、與縣圃、手持青玉杖、坐受萊衣舞、不使黃庭換白圭、安用紅顏餧鍾乳、似從綺皓圖中見、眼底滄桑看欲倦、生平抱道如抱珠、始覺韓彭致身賤、居然神廟以前人、風霜偏得老龍鱗、欲向江潭採雲母、壽公與世留其醇、大郎戟手笑相謝、里中自有仙叟眞劉晨

贈九十八翁張翊明　佐　劉肇國

都人酧爵展郊園、潭水秋英自可飡、刻玉鳴鳩看撰杖如銀輕儵屬開樽、駐顏寫照鬚着漆、脫屣忘年笑語温

惇叟應詳舊傳華陰學者市城門

哭舅氏劉納言公道隆 二首　　張承宇

朝野人情盡顯然晨星邮復墜名賢門庭縞素初蕭寂池館清幽忽棄捐藻代校書身易退晉朝繞指志空懸居官前後纔三載枉郡科名四十年

其二

當時老父病纔中襁褓嬰兒託付公只道有甥酷似舅何期孔子不如翁吟哦已困身將隱骨肉相依數忽終想到九原重會處行々血淚凍寒風

輓柴夢菴　一真　　譚元春

離潛二十年，重到乃酸然。氣結山陽笛，心悲單父絃。羔羊貧不失，烏鳥痛難宣。執汝士龍手，相傳東壁邊。

題詠

白鶴樓　劉姚燧讀書處　　荆州州教授　孔克學　曲阜

集賢辭老向南州，萬卷圖書百尺樓。何處飛來雙白鶴，結巢相與話林丘。

白鶴樓　　潛江訓導　葉善　樂平

誰扁書樓作鶴樓，幽棲却有鶴同儔。閑琴影舞朱簾月，

警露聲傳玉簟秋常喜五車充鄴架不思萬貫到揚州
而今一去緱山遠無處登臨為訪求

石橋書院　葉善

昔人有志紹先賢構得藏修屋數椽煖席春風懸絳帳
寒燈夜雨對青編事同嶽麓千年著名並匡山萬古傳
今日題詩追舊跡餘光還耀石橋邊

中洲書院　趙鉽

椿桂堂

竇氏山前古樹奇何年移向楚江湄綠陰滿地書連屋

不見丞公來說詩

環翠亭

亭中幽人悟道叅六義終朝恣尋討至今飛翠撲簾來

堦下遍生書帶草

講經所

五經羽翼漢儒多疑異千年幾勘磨爲問經生傳誦日

可曾重訂宋儒譌

五經自漢武表章之後一時學者先後輩出說詩者

多至數百家至紫陽先生詮註之後漢說盡廢豈千

百年以後之聞見獨得其眞於千百年之上耶呂東
萊云註詩而詩亡知心之語何可多得不得與中洲
先生互相辯說臨書嘅然

大本達道齋

大本達道本無功只在吾人喜怒中要向自身尋位育
好從齋裡問申公

傳經書院　　唐縣知縣嚴欽謨荆門

辛亥冬書院落成呈王幼華明府

江河行廣輿日星輝碧落六籍垂古今後先此同覺秦

火何能燔漢疏祗大略隱耀逮熙寧標目襍館閣舒理
天人醇向心宗國恪奪席乃誨爭解頤亦隣諸多謝洛
閩輩闡繹遍求索大義曉黌宮百代準經學曼哉王夫
子展也述而作經傳蟠其胸模秀同一膜院宇初峻起
大小皆忻躍無隱呼太樨欲言發漫壘旁涉道不乖幽
攡文日博漁仲亦有言人師實難獲魯故並左徵鴻儒
志所託洛爾執經人獨坐方秉鐸

得樹草堂　　莫與先

郃陽明府得樹草堂新成秋夜見招仝令弟集

叙賦懷一首

寡營信所宜，疲俗徼理靜。方塘翼一丘，山輿乃暇整。小築示人樸，植援通杜槿。睠焉畧泯愛，豁落有何畛。吾道今華黍，中寫匪虐耿。大雅孔懷姿，清切更端引。凉露稍欲泫，漾月相與永。巡檐数行，踈横亞離匕影。野夫釋倚薄，延曠百慮盡。

同吳既閑驥、朱悔人載震飲王幻華明府得樹草堂歌

舉人　魏繩德　武陵

庭隅隙地荒池冷，草閣雲踈清畫永。一簾爽風落寒磬

四面嵐光散虛閬中有人兮稱吏隱驅走山川供簿領
室可容拳膝亦僅愁君萬軸奚由騁我來傾倒聚星初
忽異哄喧寐湲省誰快牛刀茲割時尚餘退食略咽哽
宓子彈琴未足多子路南遊念已猛從來移孝致吾民
百里且入魯恭境顧公目力時虛警白日破聰慚借景
吁嗟乎卯營築愁心已炳安得復與今人尚清靜君不
見不疑善果之母兩特奇常以平反閣中幸留茲一念
甲子影北堂有人時在屏

同莫大岞與先飲得樹草堂　胡承諾

溪印顧洄與鄰境石莊翁人遠遊柴車集畧清羽爵同嚴更交雨澍霜鬓瞎紅爐互有鍾期賞縱言興不窮

再飲得樹草堂留别王幼華明府　胡承諾

春溪寒未遣殘雪在城樓皎月軒除上芳樽夜景悠不堪紆禮數靡暇及歡游畊釣隣花縣相傍老一丘

焦蘿寓樓　郃陽王又旦題并書　樓在正街朱公祠後

焦蘿孫豹人　枝蔚先生作十五國詩志將有事于楚風拏舟過鵠磯泊潛浦止于茲樓凡三閱月閱滂憑弔遊覽宴集之什百餘篇蓋一邑詩

史也列人與吾師邵陽夫子讀書研講上晨昏十載頗稱石交江干分袂寧無黯然顧斯樓也其亦懷李白于天末標沈約之八詠云爾遯翁夫子曰自有宇宙即有此溪山還有此佳客否

潛濱朱載震識

寓樓雜詩八首

孫枝蔚

仙人愛樓居而況老腐儒樓居有何好可以讀我書不坐新豐市不釣淮陰魚安飽賴故人舍此復焉如

其二

男兒生世間，他事無所求。不買千間廈，亦建三層樓。廈以庇寒士，樓以望神州。此志今已矣，三嘆不能休。

其三

作客厭朝眠，樓高天易曙。欄杆立饑烏，不忍打教去。覷物因自悲，依人成相怨。田間水瀰瀰，求食爾何處。

其四

叩門聲剝啄，此邦多佳士。過從無晨夕，討論先經史。相如客臨邛，作事亦可恥。吾當師子雲，得酒心歡喜。

其五

黑貂初脱體黄鸝正饒舌晴夜見飛蚊便來乘微熱寓
樓非眞宅不久須遠别仍如中風走豈爲西日烈樓西向故云

其六

楚騷氣不平楚歌聲不歡楚天四時雨楚水浩漫々潛
江復何如居人糊口難救汝有賢令汝勿常悲酸

其七

村居近湖水大半化魚鱉山中復難住豺虎肆饕餮我
行歷四方對此但哽咽長饑已多幸歸與妻兒說

其八

怪風勢拔屋梁，塵墜滿案。呼僮急收書，已愁緗帙亂。此時江湖裏，危舟誰相看。儆倖歸乎土，慎無忘大難。

次孫豹人寓樓韵書懷奉簡　朱士尊

諸懷欲相證，持此待鴻儒。濩落非所念，丹黄萬軸書。尚有葵可烹，何妨食無魚。衛玠樂談道，乎子竟何如。

其二

如腹育在秋，與世更何求。披襟當北牖，薰風上南樓。嗟我軀七尺，不使遍九州。索居或有故，息心誦四休。

其三

三冬夜苦長和氣乃催曙也感遇猛虎逼人居一朝啣尾去屢空保有終交謫亦相怨兩韄懸在腰蔟光知何處

其四

柰何一磨蝎今古困奇士（豹人立命磨蝎與昌黎坡公同遂作三磨蝎歌）以知昔傳人覽揆載信史窮通祇一轍磨蝎亦可耻歌成問二公與予共悲喜（豹人以是日初度）

其五

門門師顛當頤齒愛桑舌五柳垂高蔭鴻豈困人熱聲（玉）（大岸俱彭澤高致）不愁聚首難預愁輕離別翼屋竹風生莫使

夏日烈

其六

脫粟亦共飽，濁醪亦共歡。硯北駐今古，商確何漫已。結
好在同心，逢人禮數難。含毫念少壯，撫景自辛酸。

其七

此邦十餘載，數器畫魚鱉。豈不愛與食，而復畏饕餮。狀
度來何暮，婦子徒悲咽。生聚補天功，塗歌與巷說。感賢侯也

其八

倏忽當晝晦，簷溜遂滿案。半天萬濤聲，雲烏群相亂。驚

傳雨龍過，舉目不敢看，百艘趁麥秋，忌使值比難。恐龍也。百艘就食，一時俱溺，拔樹摧屋，不可勝計。

朱偉臣招同劉聲玉增、莫大崍與先飲編柳堂，令子朱悔人載震、令胥劉宸臣宁俊俱在次于寓樓雜詩八首韵見示，予亦仍前韻奉詶

其一

孫枝蔚

我昔讀魏志，頗愛衛伯儒。既負經濟略，復工篆隸書。今日逢醉飽，貴且辯魯魚。請看坐上人，博雅誰得知。

其二

壓酒請殺牛此外何所求但願賢主人流拂起書樓長對王齊萬懶識韓荊州頗家須取樂百歲等浮休

其三

苦樂迭相遭有如昏與曙鄧侯挽不來謝令推不去自古已如斯歎謹無平恕談虎色皆變莫話傷心處

其四

貧困何足道願交天下士韓蘓遇雖窮豈不勝腐史君勿罪磨蝎使我增澀恥可笑高季迪作文浪驚喜高有贈錢文則序

其五

毒如野蔓葛不離曹公舌溫如鍾山玉不畏爐炭熱諸
君經憂患與此竟無別得酒且須醉酒味況清烈

其六

日日成賓主時々異悲歡念我失學兒相望路漫々郎
君年雖大置膝竟不難君知食蕨甜焉知食梅酸

其七

飲亦可名巢飲亦可名鼈但恨口腹人使人譏饕餮何
如文字飲悲歌雜嗚咽偶然及世事賢侯共稱說

其八

誦君笠莊詩云有讀書案昨傳龍過廢案碎瓦亦亂君意獨憂民置此眼不看乃知禹稷心與人同患難

江陵張相遺石 有叙　　張承宇

邑有陶家村有橋其石頗巨余恠問土人有老父攢眉太息曰此水舊通荆州張相當國時治其塋墓載巨石連艘而至忽沉一艘石不可起遂棄之水落石出鄉人取以為橋也不數年而相公死難作抔土且不可保矣嗟乎相公為政時姦豪斂手吾儕小人安堵無虞也

噫嘻我生晚不獲知相公長而聞衆論紛紛多不同怨數相公罪恩稱相公功今覩老父色衰鬢悲在中刑書鄭國政楊權韓子法昔也用此道火烈奏功提賢闢王孫裸愚笑桓魋揶夫何賢達士而爲世俗縛終爲社稷臣雨露新復爵

南浦　曹胤昌

得住香光即往生好風吹蔓六橋行涼風自放蕭山焰火樹齊燒不夜城月下羽搖驂鬼哭雨中粧打綠衣爭真成淨侶元章叟鄭重汚泥未了情

南浦觀蓮　潛江敎諭馮雲傳　黃岡

暗香不度野雲奢一月風清柳半斜未許塵心觀色
界西池自在白蓮花

舟蕩花天葉蕩舟香雲水上芡菱浮清心欲掃萍
塵界海月江風一色秋

陪王幼華明府北渚觀蓮　舉人魏韓　沅陵

晚涼風靜半池浮擊槳空明映碧流山月欲來先
到樹湖光不定只依樓荷香曲曲穿波入人語森森
立岸稠自是使君風韻好何妨爛熳直陪遊

氣語默皆心胷老子意不淺牢落將無同一詩聊紀興

明日示陶公 謂郃陽王明府

劉季長昌吉先生草亭新成　曾其傳 景陵

貰酒無錢返瓦缾桃花迎客上新亭爾時柳弱初搓綠

此日荷强遠送青午夢應將書作枕題詩聊寄紙爲屏

年來眼力宜休息莫更懸囊夜照螢

題閨中雜詠後 有序　張承宇

閨中雜詠者吾姊之所作也姊幼慧工詩適荊

門王生伯每有事筆硯輒焚之年五十始寄余

又

詩一帙余卒讀爲題其後

杜陵有妹在天涯姊亦荊門少見時三載隸書惟寄淚兩頭向髮始傳詩誰知閨閣能高適翻覺鬚眉媿左思天壤王郎殊足賴莫因詠雪便相欺

題張啓爾承守所作魚腹鬪龍舟雜齣歌

歐陽烝

哀樂無端心在紙捲起秋江向筆底湘烟野竹山鬼啼楚客偏能爲楚語九歌漫遣俗人歌此曲賢愚心盡死紛紛讀騷添我辱緩緩排場生我哭丈二將軍鐵綽板

音撼長空氣不屬江妃漢女珠亂傾柳毅宫中水不足忠臣孝子血流痕有聲還向無聲入風定船収黍不香夜夜雲雷常鬱肅

題郤陽王明府攡書萬卷圖是朱悔人得意筆

莫與先

朝讀書百篇晝見七十士瀟洒君侯氏庭廡適如立壑裹佩阿郤染寒露華籠銅皷軗曙語鵶便便車笥未有涯昔之躞題那足誇阿髯徑度驊騮足能讀君侯書能爲君侯寫心曲經營盤手縱蟠絲波濤遠執驅鷲谿石

黛曾青澤蕩竹琛木古雲紛委屬欹入石林岙有簃敞
延菌閣寅緣窺函緗陳兮雅〻色璘斑兮氣融冶支頤
循所識禪通疏佗以前字捉臂還開袠魁紀諸皐相與
析披圖欲擬此圖美無逌谷凝霧紫華陰市不然南山
以南儞潭東石室漆簡傳摯翁誰謂擁書人寐莫便可
攄鼻諸天闔獨不見羽陵佚典待斟酌

題朱偉臣士尊廖言蓀燧落花唱和集四首

譚篆景陵

燕語嬌春〻欲去綠楊晴陌飛香絮走馬年少趂春暉

誰知春歸〻無處草堂夜起清明風零花倦落流水紅
彼美人兮三歎息谷鳥一聲山雨濛

其二

靑苔狼籍錦連錢黃鸝清曉喚高眠客樹叢陰窓雨濕
卷簾却被東風牽惜花怯向花愁語默〻無聲促短絃
彼君子兮何憂怨是處靑山有啼鵑

其三

畫橋風起蕩晴紋游絲牽香入野雲日長倦挽鞦韆戲
氍毹列坐偎殘薰〻陽花飛人盡醉高樓絲管徒紛〻

春去春去春復歸彼之子兮實情依

其四

沱江春漲桃花水眼見花落隨波委醉後雙成絶妙辭惜花才人盡心死去年別我蘆雪飛今年相思春已歸落花落花春再來彼公子兮徒徘徊

過春申君墓 在邑西四十里外今訛稱奉甲產

張承宇

歇也穿窬盜胡然列四雄魯弱姬一綫滅之以爲功帥衆逐閔下束手奔還東秦禍未及楚李女先伏戒不用無妄人負乘致贖龔竟罹無妄禍良由天道公云此是

其塚蕩然無高崇相傳古有碑缺折塗泥中自應束縛

至塚亦號朦朧我來春夏際唯見麥芃芃

祠廟

馬伏波祠　喻晓 邑人

高氏隄邊漢將祠具瞻猶見漢威儀豊功不獨題銅柱

遺愛于今載石碑古木凌空風葉落寒烟滿地夕陽遲

將軍已殁千年後尚走村童伏臘時

関廟　劉昌吉

五月十三日敬禮漢壽亭侯 昌 自兒時受漢書

先中憲爲解說先中憲未成進士時於余鄉太安寺感夢事絕奇其後官比部数抗言奏彈權貴中消雪理數十年寃獄幾不報荷侯数垂慈庇佑頗有跡得從請且獲生録十數人其說詳家志中憶先中憲初每於是日必提抱昌往肅拜昌積今未忍忘第数十年未敢效贊頌今玆就養城中偕長孫寅俊入廟瞻依膜拜訖寅俊偶爲客誦李温陵詩有我心無所敬只是敬將軍之句始敢妄肆僭和用當項首陳辭

憶自兒時尊所聞，敬初惟有漢將軍。君臣兄弟奇忠烈，天日人心大義文。漢書紀侯辭魏武書，有日在天之上，心在人之中語。一燭光何閑異節，孤刃威豈遂殊勳。武侯千古風流鑒，髯在曾先羡絕群。

題陳侯祠呈莫翁鼇峰若玉二首 有序

孫枝蔚

莫翁鼇峰，名若玉，年已七十矣。以應試之文受知于邑侯陳，則童子時事也。一日之知，而終身不能忘于心，乃重新祠堂于郊居之左，歲時率

子弟拜跪、供祭祀、又慮祠久而或毀也、于祠內更建文昌閣、廣幾邑人士有敬神而因及侯者、慮甚周以遠也、且翁家固貧、一瓦一木、破產而後成之、有足感者矣、陳諱孟琓、字充孟、壬戌進士、癸亥並仕潛江、甲子分考楚闈、所取皆知名士、丁卯擢南臺丞、請難間有陳尚書廸者、成祖欲降之、不屈、斷舌噀血、罵不止、以死、即公先世也、壬戌闈中閱公卷者、方躊躇取舍、夜夢偉人肅謁、不能言、但張吻而已、似有求者、數夜皆然、

閱者其公疑之遂取公卷中式出闈徧詢諸門生公言先世狀其公驚嘆傳其事余獨以為忠義之靈豈知富貴為何物不應如世所傳瑣匚愛其後人乃自屈下如此主司頭腦豈別有物焉憑之耶于次章專闡此指用抒景仰當亦莫翁所樂聞也

壺殄惠亦徼感激固難已鄙哉越石父責備在知己陳侯有祠堂乃自莫翁始無以酬知遇終自肅拜跪此意勝王商但厚嚴與李（商為嚴君平 李弘立祠）嚴李雖鄉賢鄉賢寧

止此子雲與文翁如何關祭祀至于知我者德與生我比誰能敦古道一使薄夫耻漢翁誼誠篤陳公名亦美吾不慕陳公慕公門下士翁夙抱奇志腹中富文史使其早登朝樹立見風軌蹉跎及暮景遭逢記童子驥老最可傷士貧亦常耳

其二

昔當成祖時靖難事忍論矯矯陳尚書烈烈光星辰罵聲不絕口舌斷義乃伸誰暇慮苗裔一死成吾仁皇天眷忠義食報在後人科第尋常事公然勞鬼神未死公

之靈區區私所親主司誠冬烘得失云有因明日諸門生附會到傳聞疑惑張吻者亦是噀血匡正氣竊所仰誕罔竊所嗔作詩掃雲霧歷用表嶙峋

登通明觀蓬萊閣悼水　李楫書 東皖

飛觀凌雲雲盪胷水漫郊邑駐孤蹤晦冥風雨那巢鳳流落江湖此臥龍鄭俠有圖登魏闕 時以容疏故及 禹功何日奠尭封懷鄉去國無窮意幾度蓬萊閣上鍾

蓬萊閣留別 某公　僉事 李濂 祥符

蓬萊仙閣水雲高聽欲憐君濕綈袍暫對烟濤停劍舄

莫嗔鷗鷺近旌旄夏奠沔郡吟哦少泣向天閶奏疏勞
極目淼茫相憶切音書日望漢江皋

登蓬萊閣　喻曉

閒登高閣入層霄目極烟雲萬里遙江上漁人來舉網
岩前儔子坐吹簫應憐清景紅塵遠却嘆浮生白髮飄
往事覺來渾似夢但將醒眼看回潮

夏日宴集通明觀　劉埈　邑人

空中樓閣隱雲窩為避炎蒸載酒過望去山川連紫極
摘來星斗控銀河檻前影桂三江棹天外香分十丈荷

贊欲淩風飛且住杏壇誰與赤松多

元真觀暮秋晚眺　湖廣提學蔡潮

千里平湖見此樓孤帆暫為夕陽留禾登高壟雲連野
鷺下晴空雪點洲羽客候門疑好事萍蹤隨寓記曾遊
羈懷觸物能生感落葉歸鴻一片秋

去潛題元真觀壁　潛江知縣黃李準南海

何代琳宮楚水頭名公曾此約清遊穿花聽鳥人人得
背郭臨丘事已幽一官忽驚千里別六年無假片辭留
不堪回首成塵跡日暮雲生杜若洲

蘆洑塔　　潛江教諭王　禎　安福

塔建蘆溪自古今，氷乱長浸碧波心。畫簷金鐸風霜古，石竇丹梯歲月深。清夜佛燈明耿耿，半空星像爍森森。登臨四顧乾坤廣，未許塵埃半點侵。

遊大佛寺　　黎　淳

潛水東流賴禹功，水環蕭寺亦朝宗。郊原有路通車馬，城郭無山碍鼓鐘。佛大比天誰廣闊，僧閒與月共從容。明朝我復趨朝去，又隔雲山幾萬重。

戊寅重九同僚屬暨陳爾正一奇宴集圓通閣即

席步壁間張文忠閔澇元韻　羅萬象

照水孤城百雉迴東籬野色菊花開僧知有客焚香待
君是何人載酒來爽氣清秋頻看劍高才作賦共登臺
中原戎馬征夫别無限西風唱七哀

戊申春初遊大佛寺圓通閣和黎文僖元韻

湖廣僉事婁鎮遠　瀋陽

謾道無因造化功還從靜處悟歸宗千秋古剎沉環水
萬里濤聲傍晚鐘明月有懷浮寶座禪燈無意照慈容
潛陽古道埀烟樹畫裡江天邁九重

登圓通閣秋懷　　工部主事秦才管

依然堤路接蹤橋籔見彌鮮爲泬漻晚岫如粧留淺黛淡烟難畫入輕綃鷗緣舊識呼皆應僧不相知醉并邀楓葉蘆花最深處此中無雨亦瀟々

王幼華明府招飲大佛寺閣　　胡承諾

高閣出宮墻下人望上方舞衣凝暮色列燭儼虹光檻外彌花甸樽前接醉鄉君歡卜銅史聽彼漏聲長

大佛寺秋夜書懷　　李庚　邑人

郭外橋通寺隄邊水抱汀蘋連天共碧柳拂地何青昔

我諸兄弟時来醉醁醽簡遊從讀禮偶宿爲緒經烟樹收殘照風荷動晚磬魚呑穿藻月螢亂隔林星佛火參差見漁歌斷續聽愁懷中夜劇新露引秋冥

讀書大佛寺春日喜霽　張承宇

蒲團枯坐起頽使愛心生弱柳遭風媚春衣去絮輕池清魚有影草細覆無聲來向長楊下跏趺聽鳥鳴

大佛寺四月八日　朱之珮　邑人

禮足空王耳目恬伊蒲饌給氷精鹽闐鐘定後諸天色漚鉢開成佛子蓮（漚鉢華言青蓮）了義歸時無字句選根圓後

局酸甜袈裟未着髭鬢落在匕香簷繞書擔

大佛寺留別曹石霞朱儁臣　江寧同知姚士升 江陜

巳愛荒閒荷寺住勿慚褦襶故人廬江流有意過沱浦

渫水多年遠石渠許脫頂呼三雅客容攤腹飽一鴟書

浹辰笑語珠璣在攜向松風傲捕魚

蓮花寺小憩　黎淳

誰能火坑出碧藕誰能陸地開紅蓮老禪種花比君子

百千刦外名猶傳江盤遊龍遶庭院樹張壁障通原田

範金作佛化愚俗躡雲飛盖来高賢焚香酌酒暫時坐

一鸛沖霄忽飛過

遊廣化寺　　初　言　邑人

福地何年建秉槎偶一遊巢鶴森森木眠鷗曲曲流謂佛殘燈在絲禅老衲休市朝歸去晚香茗洗新愁

讀書滑河寺僧房待月　　朱之珮

星河欲落赤雲西高柳蘢篁響不齊入夜光深根自靜迎風漏咽聽初凄穿檽止止虛僧幌側桃瑯瑯刮膜篦坐久知來孰是幻矣霜角曉欒招提

潮音閣有序　　喻　曉

邑東南隅乾河口乃滾河之津隆慶初倏生洲阜邑中好事者建閣其上余登覽賦此俾後之人知此閣所由始云

丹閣凌霄倚夕陽白雲渺渺樹蒼蒼半江沙壅成初地下界闤浮出上方月滿中天時擊磬烟生寒渚夜焚香往來湖海孤舟客却喜登臨望故鄉

法雲社

社初依西寺左隅後改卜東河為三昧律師說戒處中歷兵燹城市非故而此流丹聳翠者巋然靈光殆

有默爲呵護者耶邑人李庚紀其事而勒諸石置于社門之左

我遇一首寄語松大師　王又旦

我遇已可知我懷屢驚魘陋巷應吾分一官夙所忝時窮始任數憂來恒自撿星緯諸家言奉之豈敢貶厥生木在巽躔次屬瑕玷占曰撓于風枝葉合摩颭勞形豈遑恤飄零懼有漸澤國比年飢官舍食常歉奮飛知無能戢翼更退歛大師上人者千里來自剡憑軾談浮屠夜鬼畏語險我欲從于遊薰猶寧共染低籠曝魴鯉晴

淑擿菱芡、開籧篨三車、高坐端且儼、永言絶攣拘莫之或辱點、我馬時當秣、我舟時當刺、東望指海岳西去戀関陝、兩荒隴中禾、草上崖頭六兩端互攢觸日月廿荘苒、

聞偈 有序

劉璔

已酉二月之朔、語大師結制之日也、是日春曉雲明、景物和煦、冠蓋咸集、響接聲隨、賢愚競趨烟踊波屬、幸辱遺茂蓮社之末、敬從右軍過論之晨、邁茲勝因、羣依講席、惟予也生浮質弱、識

罔情遺暮齒頽年痛心康樂招提之句慼端風緒感念王融作頌之文三業委積沙塵十年橫生怵怛徒懷梁太子之一心懺悔憾無重雲殿之五體皈依語大師道成稽山錫駐潛水棒喝風雅支公撥筆千篇寶積樵薪覺老橫門一宇篋蛇藤鼠望慈雲而遙來紅水青蓮依慧樓而下拜吐微玅理出廣大心老稚注目以就瞻人天傾耳于諦聽用紀嘉會不揣敷詞

樓山何必選山棲拜佛何必見佛拜一緘一縷有來處

一利一塵無邊界、雞午鳴鐘雞亦争、龍晨洗鉢龍先怪
舌業豈必盡兔封、轂緣是處皆佛債、衣生寶樹宏七覺
座踊芳蓮聞八解、山空兔叟天竺峰、漢水沱江懽祈泒
我来古徳上堂時、千二百衆神光灑、須臾殿上法鼓鳴、
盡虛空際天人届、海岼流香襍霧烟、葉覆金沙色無敗
嚬頤齊稷分行次、整暇秘密警先懈、四座群指不聞喧
有意無聲交相勸、問誰毅匕沸横生、光在隙間露在縫
髪蜷喜園咫尺間、肯令嘉種纏萬稗、我夙有懷今拜師
我觀受我拜者為癩疥、

聞偈二首呈語松大師　朱士尊

文字緣中問佛胎，間移幢節到降臺。雲生樹杪皆香篆，閣俯河流有度杯。禮樂在堂思太古，鬚眉于我識重來。玉毫發處迷方照，無量花枝次第開。

其二

東林慧叟自梯航，曾許淵明索酒嘗。是日遲大岸不至 梵唄聲高群鳥寂，鑪烟晝散百花香。天琹觸夜安師子，海水騰波拜象王。欲藉祇園春廣大，六時作禮白雲床。

巳酉春仲白月逆郤陽王夫子暨里中諸先生同

人過法雲社聽語松說偈二首　朱載震

層林披烟靄河流帶郭明招提臨彼岸梵放度遠聲幽徑草芊芊苔竹籬邊萌階空雲影澹境閒聽覩清繩牀振錫立龍象此經行心淨參白業寒光遍水精揭來茀一義蹴踢濟奔蟲

其二

我生未學道進退嬰世網習苦豈性成幽棲幸能養夙聞人天際淵泊自浸廣大智見水月愚者終塵壤浮雲搴寶幢獅座擎一掌為說雙林諦春雲萬壑朗閒心付

臥輪靜觀菩提長靈籟此俱寂輕風高柳響

聞語松和尚住法雲社雨阻未即往先寄此詩

魏繩德

君錫胡為至遙聞我尚疑欲將見面日一慰別來時詩意吟誰共禪心息向茲天應今日靳柰此雨風披

送語和尚入法雲社即用此八字冠首

黎人　婁倣舜

送別何曾別語常豈是常和顏迎道義尚德見貞剛入座禪心靜法緣鏡水光雲飄天際外社待錫飛將

園林

一枝齋 歐陽太僕東鳳別業

一枝齋在河東數武亭榭參差臺沼逶迤環古木千章植各卉百種建三層閣以藏圖史俯瞷城市遠眺青山公休致後學易其中著我乾諸書傍有正果庵飯老衲數輩鐘磬晨昏了與世隔自公即世而園亦漸棘矣順治間傳家灣決悉沉為潭名賢題詠碑刻一無存者僅餘曲柳

銘一石于斷隄間真吉光片羽也故謹錄之

曲栁銘　歐陽東鳳　邑人

誰鑄尒形鞠躬道周含烟拂草迎颸弄柔爾游爾釣我綸我鈎意不在魚愛爾風流

李鵠城　廣招陪羅訍菴明府遊歐陽太僕一枝齋遂飲白馬廟分得亭字　柴一德　邑人

小邑希棠牘春風清訟庭兇氛閒暫歛四壘幸少寧使君自公暇褰帷至郊坰頻厭騶從緊步踏野花馨追陪二三子相看眼俱青素園吊先達竹樹存儀刑曲柳臥

道傍苔蘚剥其銘魚鳥江天散印月留空亭從容訪白馬閣貯西来經入座捐背禮修爵瀉酥醽饌借香廚辦那羨五侯鯖絲肉禁勿奏林幽籟可聽詩意何處是半在蒲藻汀凡筵再從倚雲物幻蒼冥微言玉屑霏能使醉者醒仙隄渺哉哉雄渚碧泠泠一自竹吟撈山靈水亦靈

秀野園　過故劉道隆别業

過故舅氏劉納言公道隆秀野園二首

張承宇

依舊芳菲出院墻、無情落日照清觴、可憐池畔鳥啼樹
似向人前唱渭陽、

其二

淺水欹橋坐小舟、三年路欲斷西州、當時手植青松樹
枝掃高簷瓦墜樓、

萬元書屋　知府郭之幹置

桃花洞　禮部侍郎郭正域　江夏

桃花紅似雨莫是武陵家洞中白鹿來口上啣桃花
文　袁宗道　公安

君家漢水曲相延武陵源分得武陵花春雨燃山園

又　　王同軌

洞非武陵舊尚發武陵花不問秦與漢春風自爾家

五老峰　　郭正域

何處移来石堆成五老峰五老相對語石丈今成翁

又　　袁宗道

崚嶒踞虎豹蒼翠積莓苔疑是廬山石風雨忽飛来

又　　沈潅

礧砢數片玉玲瓏曾向匡廬頂上逢雲雨招邀猶入夢

兒孫羅列自成翁

翠柏亭　　高為表

翠黛紛々柏四圍白雲寥廓掩柴扉閑門寒色啼烏起
脩帶清霜拂拂飛

琅玕塢　　郭正域

四面插籬落个々是琅玕風來萬玉鳴雜佩聲珊々

又　　袁宗道

白日起寒濤長夏何森爽中間安鹿狀咲坐絕塵想

天均洞　　李茂春

林溪地僻囂塵遠草碧沙明亂竹分曲砌石移仙澤嶺
環堦水引漢江漬芳年未許談青鳥壯志寧堪傲白雲
洞口片霞常為色非關花氣鬭氤氲

長春堤　郭正域

大堤幾太長春光聊騁望老椿幾千年春風滿堤上

又　袁宗道

楊踏長春堤涼風吹觧帶班荆數過颿沙鳥飛雲外

又　王同軌

千歲一旦暮大椿等蜉蝣而我此隄上亢然逍遥遊

芙蓉峴　高爲表

嶂列荊南紫邐深夾池秋水暎披襟芙蓉不減霜前色
繚繞橫斜十里陰

蓮花池　郭正域

滿池種荷花紅粧照淥水白鷺不驚人立在荷花裏

又　袁宗道

緑水映紅蓮〻葉何田〻身在衆香窟沉醉復高眠

天香道　周應明

八月盈〻白露涼遶階蘂桂發天香淮南遠接雲根動

靈隱新移月路長金粟如來花雨散青要玉女寶珠光丹飛欲點杯中醑黄淺偏嬌額上粧採自閶河垂紫棗疑從銀漢隱霓裳東堂第一何須問信有招摇壓衆芳

滙清亭　周應明

畫棟朱欄四望開蒼蒼野色上莓苔香風繞屋花千樹詩思氷壺酒一杯排闥青山供客坐滿池明月逼人來蘭苕欲纈知何處只在芳洲楚水隈

又　王禹聲

玄亭新搆草堂陰書幌從教翠竹侵樹杪夜深巢一鶴

池邊月落靜孤琴，風吹菡萏陶公社，佩冷芙容楚客吟。
不淺王猷幽興在，春來花徑轉深深。

蠡園 刑部尚書劉若金別業

寄贈蠡園主人劉雲密若金尚書　曾其傳 景陵

每向松邊想勁風，嵯峨獨砥衆流中。千秋照史天為永，
一日從王地有終。閒海披緇霜皎皎，沱江垂釣月懵懵。
故人猶有梁鴻在，若問行藏應與同。

紺珠園 別駕歐陽壻置

同諸公過歐陽若木 壻 紺珠園若木特在秦中

張承宇

闉門深鎖叩方開覔火溫將携酒來草色漸封春後徑禽踪特綻雨餘苔聊爲乏奠傾樽興代與先商種樹才須乞天晴多幾日途中不礙主人回

幽賞園　別駕郭元鉊鋐別業

秋涉有引　大理寺卿李昌祚　漢陽

秋涉古紀也余來潛沔間則更有感乎秋人影蕭屑湖光冷削新交乍疊舊友遠征家健伯兄于重陽前一日招同諸子飲南郊幽賞園竹亂

曲塘、艇横芳沼、乃見江雲破黯、井宿来歡、是夕也細露湛々涼飈蔓々諸子語余曰滿城風雨近重陽之詩可續賡乎遂依次受韻各限一體用成佳話為樂未央

陟茲東嶺有石若濟捎羅出雲觸花當管林叢蔚々彊里疃々拱揖踈々論説偘々主耶賓耶名豪座滿或歌而咲或舞而瘖或醉而臥或袖而短老人潦落稚兒曲欵白衣酒至藍谷詩纂晉代叅軍宋室皇璜以視厥樂亦旣云罷我客停旌頼此以術來思詠思忽聚忽散命

彼僕夫薄言還館驅車軸牽征衣路亶遥望原艸與秋
旋斡未見君子中心則懣既見君子利金為斷

得城字　李佐宸邑人

蕭々秋氣與雲平五畝塘陰近帶城幽置性情風雨姤
閒探水石筍輿輕琅玕觸户浮虚嚮烟液籠樓混太清
有客登臺多旅思臨文載酒盍縱横

得風字　王啓遠邑人

九日閑邀出郭一尊好友許同覓異遠從寒水貪高坐
嘯長風

可以糜、故人文章何處哭秋風、歸來莫教明月落屋檼、郢還文孫郎歸、

得陽字　朱士尊

破盡登高例郊尋不厭常秋乘秦洞葉詠集晉人觴竹補山光媚風流兩色香及歸日載午煮字醒高陽

此君廬　分巡道婁鎮遠置

婁聖兆倣舜孝廉招飲此君廬得居字　知縣耿念劬把縣

幽人定卜浣花居勝友相將君子廬鳴玉千竿抽碧似

山禽四合聽簧如多君意氣樽前重咲我塵緣客裏疎

翠微堂

同語和尚重過翠微堂二首　婁鎮遠

此地還能到登臨羨客懷酒觀曾坐石筆潤舊題崖萬樹蒼烟發一亭翡翠排桃源開洞口又欲待

其二

地僻車仍到亭空榻故懸梅開香透骨柳放浪生烟好鳥來天外良朋在眼前簫聲鳴洞口閬苑挾飛仙

步偉臣韻　郭鈇

座繞松筠氣亭環騷雅聲但能恬志意便有好心情仄徑高蓬隱卒疇遠水明談諧忘歲儉操筆佐農耕

止園　封刑部郎中朱宗望别業

客止園贈朱穉玲先生　曹識昌

潛沱不肯山止園不矜水河影非園中水氣侵園裡竹樹以波行艸木若風徙白雲懷小亭林燈曳水底滔滔萬里中主人曰予止梅尊坐典型竹嘉展君子凉吹剪生壙聲聞止音旨北夢零星言南郭折鐵几野老社耆

英青松締黃綺聞君寶嬰姹爲用餐菊把坐隱足消閒
耘花死躬理少年裘馬兒往々恣譏毀潦水落霜冬洄
洄安在矣蘭芽既以長種豆落可耳孤桐壁立秋營々
古人恥

同稺玲先生憩坐　　曹徵昌

主人深類榻來坐淡如桐不厭年々緣欣聞旦々風竹
咻饑去鼠瓦鉢餉遲童掃跡灌觀苔徑蕭々更幾朋

止園九日二首　　王一翥

古瑟鏗音世共疑寒烟細草助凄其小山難慰花夫頑

此二首係梅花亭之詠宜居尾

唯我與爾寡嫌猜春風二月發繁英一月直看三十回、

夏日坐郡長仲水邊梅花亭子歌　孫技蔚

自笑平生寡遭遇與客看梅但看樹雖然不見花開時

亦省卻傷花落處載酒昔遊鄧尉山千枝萬葉春已暮

正如師雄在羅浮醉醒夢回想態度蓮花香滿西湖中

弔古初臨處士墓水邊落落數株存渾似松風亭作寓東坡詩松風亭下荊棘裡兩株玉蘂明朝暾、今年五月客潛江遶郡洪濤礙

杖屨舊時歌舞今已無誰家臺榭尚如故天寶年間樂

事繁白頭老翁閒告語郡君相見獨何晚不緣水退失

歡聚三日兩日勤相邀自造一船臨古渡翠竹蒼松邑總佳更愛老梅種無數徘徊徙倚綠陰濃恍然重入江南路只對根株興已飛莫言蘂朵香紛布恨我不如倒掛鳥嶺南村裏容來去憐我不如堦下石曾墜殘香分縞素合兩深林領百罰又別幽姿堪再誤潛江之遊頗不悪潛江高士復可慕高士終朝立壑間浮名難奪烟霞趣何遜當時亦可憐題詩只坐揚州署那及此亭面水開朗吟驚起雙白鷺

同孫焦穫先生坐謾園梅花亭歌　朱載震

雨過花添輕艷霜驚葉著初紅勝地名流佳會清歌雅課雄風

佳節愧當初度（余以九日逢辰）登樓把酒臨風前年去年今日郢水鄂水舟中山前靜穆秋霽竹聲蕭瑟金風雛妓老僧酣晤同人惜別匆匆（文孫以次日言別）

得雨字

李世乾（邑人）

將軍射石竟飲羽遊事雖文力宜努夕謀遠眺當晴浦天欲奪之改朝雨機發无克弗可盡水則資舟載資鬴

水適莽蒼行匆踽踏亂階莓紅濕補竹波翠漾樓容嫵
坐畧倫次語旁午撖觴珥筆各按伍壯士矯歌短袖舞
醉眠繩榻兼賓主東方既白夢猶栩晨光穿林烟縷縷
彫胡野具飯秋稌歸分大堤人四五客曰茲遊洵足譜捕
菜高處法已古風雨郊垌晴覺腐

得近字　　莫與先

秋如何重陽近竹霧濛濛山靄般般客心滿涼鄣城陽
撒深蘊思子友之登臨望孤鴻之見隱且歌白紵舞白
衣莫采黃花閒黃吻短髮盈尺尚可以簪長纓盈太尚

不道習池幽賞異遙〻荒壟見歸耕

夏日宴集謾園分韻得汀字　孫枝蔚

園深堪避暑水濶欲迷汀搖艇煩童僕開樽待客星林逋多種樹劉向蚤傳經許坐高齋裡休數醉不醒

豹人偉臣諸老過謾園分賦　莫與先

進艇溪斜拖過橋磴曲通戲魚蓮葉北奇字壁書東六逸人傳白多愁友籍紅拖流枉未臧吾亦有園公

謾園分韻　朱士尊

南郭園林好渾無剝啄聲入山誠褊性偕俗見深情堂

藉濃陰暗窗分落照明翻憐縱眺處十載未春耕

步豹人韵　郭鉷　邑人

樹裏斜開岸扁舟繫栁汀園非小有洞壓見少微星雅令窮花史（豹人以花名作觥）律高談馨酒經（經盛酒器腹受一斗）一朝疑義晰斗覺宿醒醒

步大天岸韵　郭鉷

掃榻迓三益橋款徑未通小舟迎舍北濁酒過墻東竹水連窗碧（梁簡文帝看竹水俱蔥翠之句）葵榴焰檻紅鳴鶯如舊識吟咏侯與公（鶯語吟修竹與公句也）

擬前閩
大日詩、

缺月猶留埋雨期含雨黃花樵子路淡香紅葉酒家旗
還鄉仍抱離鄉意何事重歌去婦詞

其二

休將一槩付鴻毛積歲山容入蔓勞漁父欣其濯足好
卜居賴此白雲高溭盟條負青陽訪戒飲寧為白岳逃
枉降巫咸問消息菊英椒糈卽金膏

墨粟齋　　　　吳贊 景陵

竹林初闢地棐几石牀連墨似金壺汁書成兩粟天琹
聲動畫壁雲氣染茶烟堪寄南窻傲無煩草太玄

墨粟齋　陳一奇 邑人

墨瀋全分羽翼功，纂裁多處即年豐。不耕自獲田三品，看到研珠粟已紅。

朱偉臣悔人喬梓招同黃天山 里 戴小宋 [illegible] 莫大岸 與先 暨令婿黃枚庸 石安 宴集墨粟齋仍訂他日再集有作　毛會建

沱潛烟水自蒼茫、墨粟齋頭草木香、掣筆雲霄鵬力厚、著日月鯉庭長、風前結靭多名宿、月下傾杯一醉鄉、何事諸公貪問訊、還將鷄黍餉漁郎、

河濱

集止園合諸君韵作　劉肇國

涉彼河濱黍麻茂〻燕〻群飛雉子朝雊嚶〻鳥語維
鄭維奏扣甬而聽黃鐘滿腔　挑宿莽蜂揶棲麥蟄寸
晷漸移云胡不察如金斯敲如玉斯戛靜言思之已什
七八　亦有葛衣何乏方空亦有勁弩何乏雕弓培塿
巃〻淵涓潨〻濯〻皃翁稹〻清風　江漢雖廣方之
航之泰岱雖高登之荒之白雲在天勿曰遠而水不鄰
鄰勿曰淺而　齒番未敷荷引其先敢云舌脆而謂齒

堅蟲有巧拙酒列聖賢玉豈甘碎瓦豈終全　啁々啾
啾爰飲爰啄篠簜㛹娟如擩如幄物無機心人無彫琢
洞庭之野可以張樂　有客既嘉有酒且醳鯊鱨鰋鯉
以釣以炙可以袒裼可以岸幘我思古人我心實獲

四言七章章八句

止園竹閣　李世乾

清不漾々孰闞其罙訴操蘭鷁逹擘江蘺言念幽人耆
寀若飴徙倚石魬眠起日晻遠水如岸短樹如薺漑蒻
斵棘卜居當湄集客旨桼設醴彔瓷或步林陰或欹而

樂耕處作
極兮

謾園主人識趣舍謝却時名存樸雅十畝濃陰負郭南
数椽茅屋臨曠野麓篠縈迴小徑通老梅横影映清瀉
春至花開待客遊我亦頻過憩其下褻拂莓苔碧侵衣
風翻殘萼香浮筆今同孫公坐三伏梅葉盡肥梅子熟
参ㄴ伍ㄴ幾十株踈處猶然補修竹縱不及見花滿枝
緑晴陰層已繞屋廣乎曲終杳難聽襄陽有客醉未醒
昨夜月明水如練主人嘯歌梅花亭

過歲十日呈郭長仲　　王又旦

過歲十日生意微奔走東西受人譏傳聞南部梅有花

熠耀寒雪生光輝主人好我邀我看過時不去葉漸肥
郢南園林君家好繞屋千株皆十圍野性夙昔好留連
來招嘗往〻不歸況逢金危催玉柱翩翩歌舞對夕曛
隔岸燈光遠灼爍中庭火樹亦芬菲直須多沽市上酒
坐待月落更漏稀却思催租令日嚴昨宵羽檄急如飛
若得長官不嗔我酩酊日日欵君扉

王幼華明府招飲讌園限韵　耿念劬

喜從梅候薦新羹醽醁香傳五夜觥星聚一舟人待月
簪投千里客班荊麦枯鳥語高林晛菡萏花開野水平

儆或㠯佛靚拈花軍持共歡成樂歔暢亦怡墻東陞隘

終南徑私一丘一壑自謂過之

止園悲

哭園主人釋玲先生　　　李祚　景陵

楚澤風烟斷含凄過潛川百雉荒日色冰花縈素烟慘澹寫大招湅筆窓芊匕高懷弄流霞爽氣秋浦烟我老時不冠飄然古偓佺閑論長金石煥寒不可章知我群蘺深去住任其天飲我薇花下鼓並撥么絃不以路人英黙彼後箪口諠浪本木道緣背以忘年息爲何所之

嬰遠闔都裕天人一漚耳海國幾迴然垣曲冷墨粟園四

有墨粟齋屋舫綻月泉凍合問亭柱光揺固霜遊含猶閉[illegible]名

史鑰別館上客延痛哭霜樹裏水落石田匕旱秋執戟、

手後期勑無慾追懽来茲日、恭製大椿篇百斗洞庭春

纈眼字如椽日月不相饒輓歌侑豆籩圖竉司空究沙

床王孫蜒而朝隱君子石霞以此五字為先生題像於公何新為娓

娓老僧話執手洄以漣逍遥負杖日度闍度屡蹮抱兹

一腔趣傺幽敲邃麈自昔曠心人不隨俗情研令聞國

有形懿行家有箋遲之一二年蘭省綠音傳郄用漾唐

制神道表墓阡納〻三世好磨石嵌層巔、

止園雜感八首 有叙　　朱士尊

環潛皆水也、其地無山、惟河東一隅數百年無波臣之患、潛以為山焉、先大父闢地為園、〻惟古栢數株、茅屋數椽而已、大父賦遂初、昔亦憇盤其間、而大人則昕夕以之、因其舊址邑□宮兆花晨月秋雪霽浮烟、良儔惠然、命駕讌談□□旭忘疲、雖非輞水綠野、然酬適則倍焉、迺仏□而筠篿風露也、迺松之而濤飛烟湊也、迺閣之

而穗持唄詠也廼巖之壑之而洞有山帶溪有水衣也植梅百株構草閣其中愛古人尋笑、共梅花咲之句顏曰索咲用以難老用以虞也每小寒三候萼熳珠錯瞇霜花之如鋪自宜片之剪勝月晴香動蜂蔦釀成栯竹森瞇亭閣錦瀾大人無不昕夕以之矣詎意丙申冬仲大人見背越一年為歲戊戌夏四月朔襄流忽漲堤亦告潰兩岸古木漂流追盡而園之亭榭雜冉蕩然無復存者今也攀條執枝泫然流涕撫

其六

亭亭桐百尺，奇價在龍門。知己非焦尾，孤根憶水源。影辭秋溪月，陰斷雨中垣。莫待鳳皇至，寔成獻北鯤。右感引桐居也。

其七

建閣臨寒渚，齋心與佛盟。窗櫺亂竹影，鐘磬護[illegible]座[illegible]丁土較能避祇園，浪不驚。尚留雙樹在閣傍雙林猶存春暖叫[illegible]庚右感佛閣也園中亭榭俱盡惟佛閣原俯河流今巋然獨存。

其八

携手登臨處傷心看碧波燈寒僧坐閣庭圮燕辭窠不忍君重到可怜我再過南塘今夜月應似昔年多 右感舊

也曹子壯方過訪
訊吾止園因荅之

閨秀

閨中雜詠

張氏 邑人古君承宇郊

憶母

執手別來歲幾周白雲親舍夢悠悠異鄉恨少書魚雁故國愁多風馬牛淚雨相隨秋畔夜鬢霜獨對鏡中秋近來添得心頭苦聞說離家更遠遊

燈前

愁來夜永未成眠挑盡殘燈檢舊經。班女纖纖

木蘭代父淨烽烟懶將脂粉同兒女恨不鬚眉學六

奄奄藥餌惟多病跼蹐閨中了百年

感燕

九十春光去庭前看燕飛啣泥辛苦意感激憶慈幃

讀詩

病廢機梭老廢蠶牙籤烱墨性偏耽唐詩元曲、佪以

且向紗窗讀二南

尉夫

香山集裡常稱病子美詩中屢歎貧斗酒百篇消户

何須眉上苦吟呻

讀史詠子房

子房稱病藏機早尺待功成辭漢家已復韓仇無所事

此心原自在烟霞

藝文志下終

今追昔、能無存歿之痛、爰作止園雜感、一以志

洪水之灾、一以傷先人之手澤云爾

漸至方盈坎合洄即巨川、并吞過大野、激射走洪連駭浪鷗先避、驚濤花自憐、誰師排決智、微禹其魚焉、時治水者壅其故道、故歲湃之勢雖過、

其二

濃陰十畝地、能有幾株遺、如立洞庭峙、忽驚風雨時至、鐔愁翳窮、夕鳥怨巢危、追憶經營苦、攀條可勝悲、

其三

先子烟霞癖、枝〻手自栽、亭看霜後竹、窻臥臘前梅、煑茗汲流水、得魚上釣臺、籃輿經過客、重覽棹舟來、

其四

獨立歎河廣、時艱利涉材、即今白似練、皆昔繡如[illegible]舍隨流去、無人問炊來、爲陵雖地德、鮫室築成緣、

其五

嶺上梅環拱、爰開索笑堂、容來雙崔下、春至萬蜂藏、艷歛天方雪、香寒月正霜、記予曾作賦、己卯冬堂成、大人顏之、命尊作賦、回首淚千行、右悼梅也、